Beads Map

VOL.1

비즈공예인을 위한 지침서...비즈맵

작품명. 프릴 목걸이

www.beadsmap.com

Beads Map을 출간하며...

새로이 디자인을 하고 또 그것을
반짝이는 구슬로 엮어 내는 일.
그야말로 온전히 내안에 있는 모든 영감을 끌어내어 집중하는.
어떠한 잡념도 일지 않는 그 순수의 시간들이 있기에
나는 무척 행복하다.

내게,
내 속의 아우성을 듣고 자아를 찾게 해준
내 삶의 절친한 벗, 구슬.

인생의 의미는 자신이 의미있는 일을
할 때 찾아지는 것이리라...

2005년 가을 이 종 경

2005. 6.	숙명여자대학교 디자인대학원 비드아트 디자인학과 수료
2005. 5.	한국워크아트공예가협회 대표
2005. 5.	제1회 비드아트 & 디자인 과정 수료 작품전
	– 인사아트센터
	– 부산동주대학교 석파갤러리
	– 원주 문화원
2004. 11.	Vergil' International Art Association Korean Members Exhibition
	– Radio Korea Dosan Hall, L.A, U.S.A
2004. 9.	국제 미술 문화지 Vergil, Artist Interview
2004. 5~9	여성생활 공예지 월간 '마노' 구슬공예 작품 디자인
2004. 5.	제1회 하비쇼 구슬공예 부문 출품
	– 코엑스 몰
2003. 8 ~	현 구슬공방 '비즈맵' 운영
2002. 10.	2002 청주 공예문화 상품대전 입선
2002. 9 ~	현 롯데마트 문화센터 구슬공예 강사 (의정부점)
2002. 1.	제5회 한국패션악세사리 디자인 공모전 특선
1999. 10.	생활의 향기' 비즈공예과정 수료
1989~2000	대구 서부여자중학교, 본리중학교 국어교사
1989. 2.	경북대학교 사범대학 국어교육학과 졸업

Mobile. 016.864.1519 www.beadsmap.com e-mail. beasmap@beadsmap.com

Contents

PART 1
신비로운 아름다움, 구슬의 세계

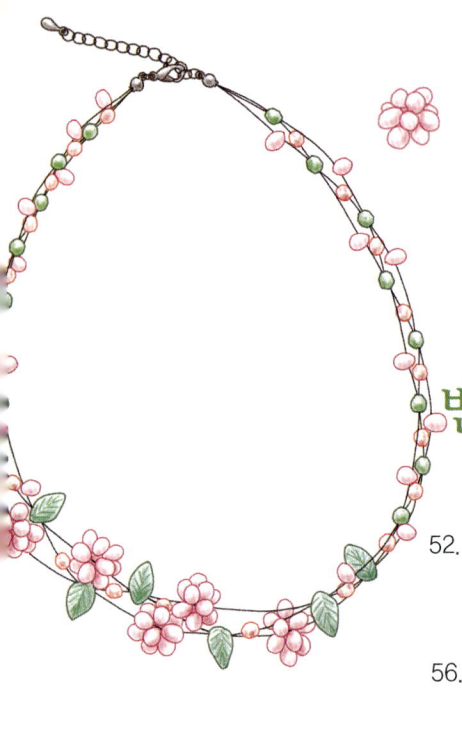

PART 2
반짝이는 구슬의 마력속으로...

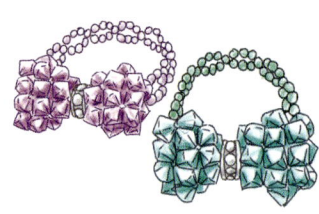

PART 3
자신있게 도전하는 명품 디자인

구슬 공예의 도안을 읽는 법

1. ★은 모든 도안에서 시작하는 위치를 가리킨다.

2. 통과하기

① 와이어나 낚싯줄에 구슬을 차례로 넣어 준다.

② 이미 만들어 놓은 모티브에 연결시키며 만들 때, 구슬을 넣지 않고 줄만 넣어준다.

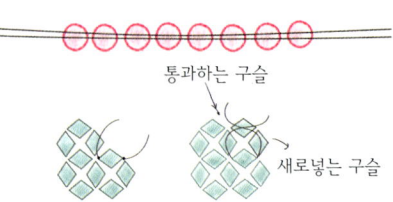

통과하는 구슬

새로넣는 구슬

3. 교차하기

낚싯줄에 구슬을 차례로 넣고 마지막 구슬에서 다른 쪽 낚싯줄을 반대 방향으로 들어가서 나오게 한다.

4. 말기

낚싯줄에 구슬을 차례로 넣은 후 처음의 구슬만 다시 통과시켜 준다.

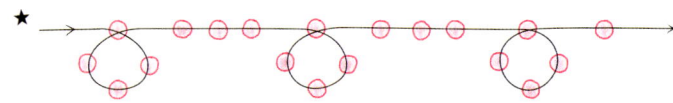

5. 십자묶기와 마무리 하기

하나의 모티브를 끝내고 마무리할 때 묶는 방법으로 하나의 실을 위로 올려 묶고 다시 그 실을 위로 올려(손은 반대쪽) 묶는 방법으로 매듭은 작게 생기면서 잘 풀리지 않게 하는 것이 가장 좋은 매듭이다.

묶고 난 후 남은 낚싯줄을 그냥 자르면 풀릴 수 있어 남은 실은 반드시 매듭 가까이 있는 구슬에 통과시켜 주고 자른다. 이 때 통과를 시키기가 힘든 경우가 있는데, 그럴때는 3mm정도 남기고 위로 자른 후 라이타불을 가까이 대어 남은 낚싯줄을 없애준다.

6. 목걸이 줄의 시작과 마무리

보통 모티브를 짠 후 목걸이 줄을 만들어 주는데 3호 낚싯줄을 사용할 때는 필요한 길이의 두배에 여유분을 더해서 잘라 그림과 같이 반 접은 후 씨드비즈를 하나 걸고 볼팁을 넣어 평집게로 닫은 후 시작한다.

낚싯줄의 마무리나 와이어의 시작과 마무리는 모두 볼팁을 넣고 고정볼을 눌러준다.

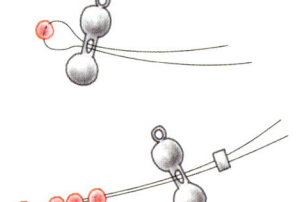

구슬 공예의 기본 도구와 그 사용법

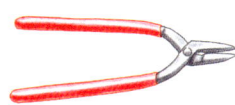

1. 평집게
구슬공예를 할 때 가장 많이 사용하는 기본 도구이다. 고정볼을 눌러 주고 볼팁을 닫을 때, O링이나 C링을 여닫을 때 사용하며, 낚싯줄을 단단히 묶고자 할때도 평집게로 매듭의 가까이를 잡고 당기면 견고하게 묶을 수 있다.

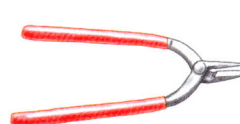

2. 구자집게
T핀이나 9핀을 동그랗게 말아줄 때 사용한다. 구자집게의 끝부분은 작은 고리를, 안으로 넣어주면 큰 고리를 만들 수 있다.

♥ T핀 작업하기
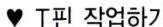

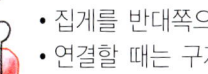

- T핀에 구슬을 넣고 0.6mm 남긴 후 니퍼로 자른다.
- 구자집게로 T핀의 끝을 잡아 한바퀴 돌린다.
- 집게를 반대쪽으로 옮겨 한번 꺾어주어 둥근 원이 T핀의 중심으로 오게 한다.
- 연결할 때는 구자집게로 살짝 열어 연결할 곳에 넣은 후 다시 닫아 준다.

3. 니퍼
금속 체인이나 T핀, 9핀 등의 금속을 자를 때 사용한다.

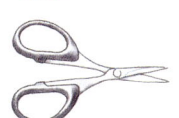

4. 가위
낚싯줄을 자를 때 사용하며 끝이 길고 뾰족한 공예용 가위를 써야 예리하게 자를 수 있어 편리하다.

5. 작업반지
O링이나 C링을 여닫을 때 사용한다. O링의 한쪽을 평집게로 잡은 후 왼손에 작업반지를 끼고 O링의 반대쪽을 끼운 후 아래위로 열어준다.

6. 송곳
낚싯줄이 통과하지 않아야 할 구슬까지 통과했을 때 송곳을 구슬사이에 넣어 낚싯줄을 걸어 당기면 쉽게 뺄 수 있다. 접착제를 사용해야 할 때도 송곳의 끝을 이용하여 발라 주면 편리하다.

7. 낚싯줄
굵기에 따라 호수가 다양한데 구슬공예에는 주로 3호가 사용되며, 교차가 많은 작품에는 2호, 견고함이 요구되는 가방등의 작품에는 5호가 사용된다. 작품의 성격에 따라서는 와이어나 실을 사용하기도 한다.

8. 와이어
목걸이 줄을 만들었을 때 둥근 형태가 유지되기를 원하는 경우에 사용한다. 주로 사용하는 와이어의 굵기는 한 줄로 완성할 때는 0.45mm가, 여러겹 누드를 만들때는 0.38mm가 이용된다. 주의할 점은 와이어 작품은 꺾지 말고 늘 둥글게 말아서 보관해야 한다는 것이다.

작품명. 딸기의 정원

Part 1

신비로운 아름다움, 구슬의 세계

간결한 아름다움

큐브 목걸이와 귀걸이

목걸이 재료
4mm큐브 17개, 4mm론델 16개
3mm막대비드, 40cm와이어
마감장식

귀걸이 재료
큐브 6개, 론델 6개, T핀 2개
9핀 4개, 신주버니쉬도금 낚시

40cm와이어에 그림과 같은 차례로 구슬을
넣고 마무리한다

어떤 경우에 와이어를 사용하나요?

목걸이 줄로 와이어를 사용할때는 큐브 목걸이처럼 심플한 디자인의
원형라인을 살릴때 이용합니다.
와이어를 사용할때는 마무리를 할때 고정볼로 눌러준후 접착제를 살
짝 발라주면 좋습니다. 금속끼리라 미끄러져서 빠질수가 있거든요.

소품 하나가 주는 완벽한 기분전환

집시 귀걸이 I

집시 귀걸이 I

재료
신주버니쉬 도금낚시1쌍
신주버니쉬 도금동판 小 2개
9핀 28개
T핀 22개
6mm막대비드 20개
4mm주판알 (주색14 배색10개)
6mm주판알 주색 6개

그림과 같이 T핀,9핀 작업하여 연결한다.

집시 귀걸이 Ⅱ

그림과 같이 T핀, 9핀 작업하여 연결한다.

재료
신주버니쉬 도금낚시 1쌍
신주버니쉬 도금동판 大 2개
9핀 4개, T핀 16개
O링 4개, 캡4개
8mm진주 4개, 6mm진주 4개
6mm주판알 4개
4mm주판알 2개
글래스비즈 8개

가을바람 부는 날

커넬리언 목걸이

11~13cm남겨준다.

① 50cm가죽줄에 커넬리언 원석을 자연스럽게 배치한후 원석의
  앞 뒤를 한번씩 묶어준다.
② 3줄을 함께 통과캡으로 묶고 마감장식을 연결한다.

재 료
50cm 가죽줄 3줄
커넬리언 원석 10mm 2개
　　　　　　 8mm 3개
　　　　　　 6mm 7개
마감장식

귀걸이 재료
20cm 가죽줄 2줄
신주버니쉬 낚시
10mm 커넬리언 원석 2개
6mm 커넬리언 원석 2개

파이어 오팔 목걸이와 반지

오메가 체인은요...

오메가 체인은 형태가 원형으로 고정되어 있습니다.
와이어처럼 보관할때도 원형으로 말아서 해야겠죠.

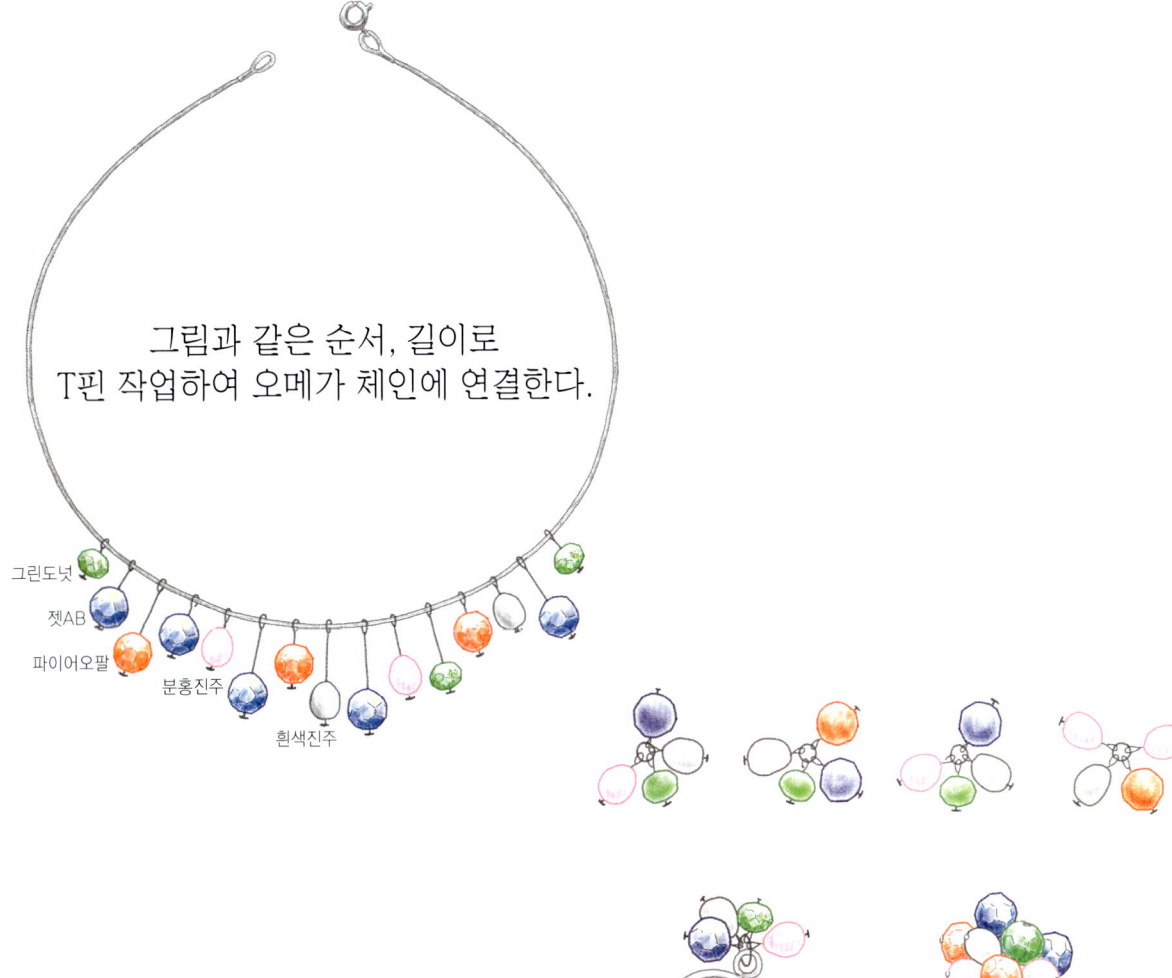

그림과 같은 순서, 길이로
T핀 작업하여 오메가 체인에 연결한다.

그린도넛

젯AB

파이어오팔

분홍진주

흰색진주

목걸이 재료
은 오메가 체인, 그린 도넛 3개
8mm 축구볼젯 AB 5개
파이어 오팔 3개, T핀 15개
담수진주 흰색 2개, 분홍 2개

반지 재료
은반지, 8mm 축구볼젯 AB 3개
파이어 오팔 2개, 그린 도넛 3개
담수진주 흰색 4개, 분홍 4개
T핀 12개, O링 4개

1. 9핀 작업하기

① 분홍진주 1개, 흰색진주 1개, 초록도넛 1개, 8mm Zet AB 축구볼 1개

② 흰색진주 1개, 초록도넛 1개, 8mm축구볼 파이어오팔, 젯AB 1개씩

③ 1번과 같이

④ 흰색 진주 1개, 분홍진주 2개, 8mm 파이어오팔 축구볼 1개

　　→ 4개씩 하나의 오링으로 연결

깃털 목걸이

4호는 어떤 경우 사용하나요?

보통 목걸이 줄에는 3호가 2겹 들어가는데 이런 디자인은
군데군데 말기가 있어 한줄에 만드는 것이 편리합니다.
이런 경우 좀더 튼튼한 4호라면 한줄이어도 걱정없겠죠?

씨드 55~60개

원석(보라)과 진주(보라) 교대로 4번

씨드 10개

원석(오렌지)

씨드

씨드 보라원석

보라원석

보라진주

금색구슬   오렌지원석

재료
4호 낚싯줄 60cm
씨드비즈 240개
보라원석 14개, 오렌지원석 12개
보라진주 13개, 6mm진주 2개
6mm 금색구슬 4개
오링 6개, 깃털 1개
3단 통과캡 1개
T핀 4개, 9핀 5개

① 볼팁과 고정볼로 4호 낚싯줄을 고정시킨 후 도안과 같은 순서대로
   구슬을 넣어준다.
② 진주 5개를 9핀 작업하여 오링으로 말기해놓은 씨드고리에 연결한다.
③ 6mm 라운드 비즈는 T핀 작업하여 연결하고 깃털은 통과캡으로
   눌러준 후 오링으로 연결한다.

시원한 여름을 위해 준비하는
집시 자개 목걸이

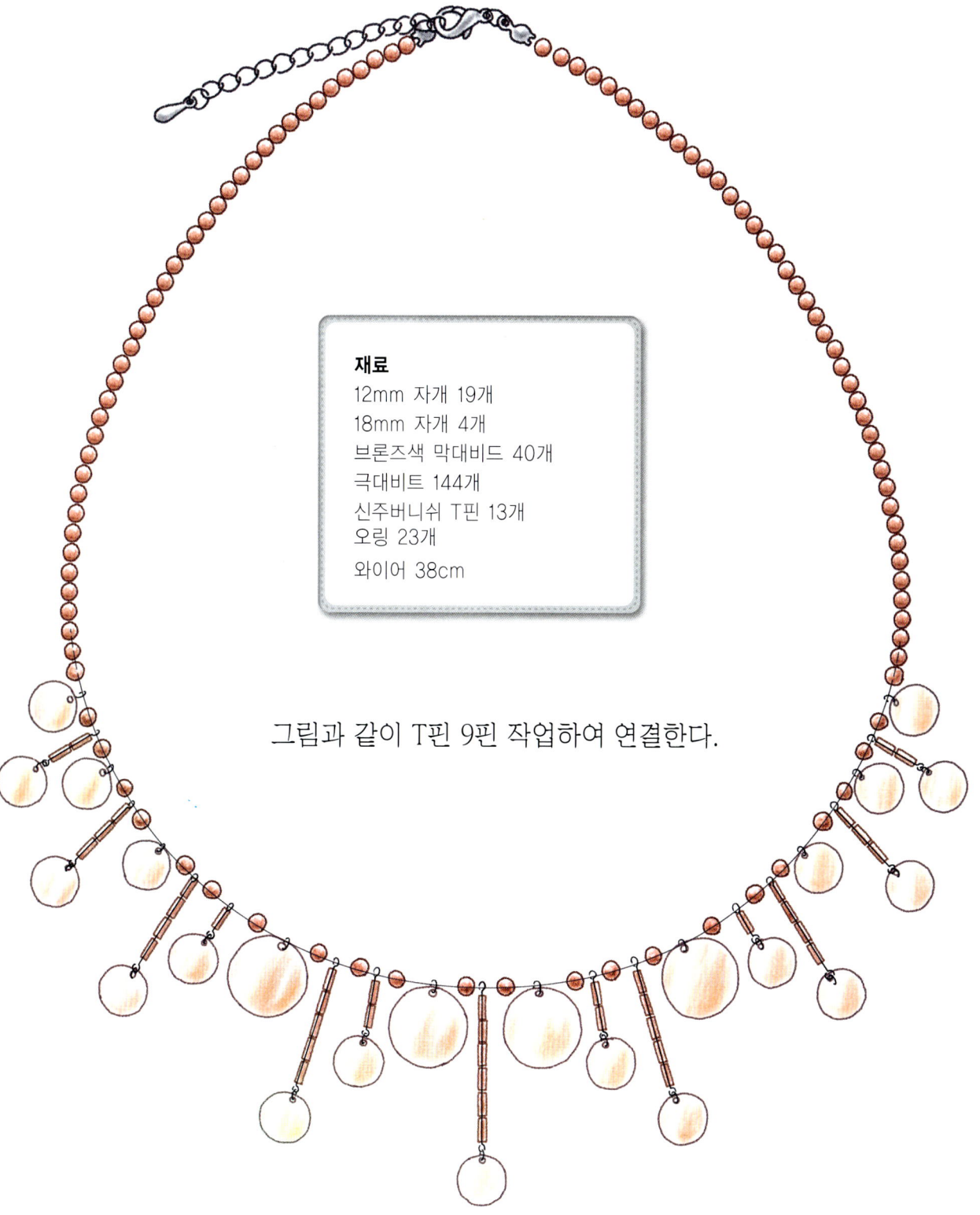

재료
12mm 자개 19개
18mm 자개 4개
브론즈색 막대비드 40개
극대비트 144개
신주버니쉬 T핀 13개
오링 23개
와이어 38cm

그림과 같이 T핀 9핀 작업하여 연결한다.

너무 사랑스러운
줄장미 반지

그림과 같이 만든다.

묶고 마무리

★

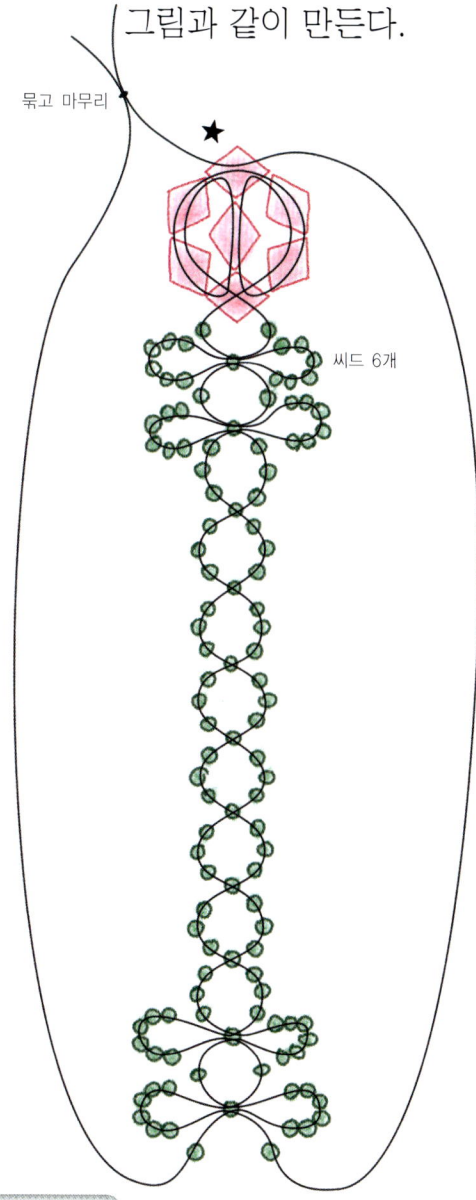

씨드 6개

반지링을 만들때 주의할점은 없나요?

재료
4mm 주판알6개
흐린색 1개
씨드비즈 120개
3호 낚싯줄 60cm

반지링을 만들때 좀더 튼튼하게 만들려면 도안과 같이 만든 다음
반지링 부분만 다시 한번씩 낚싯줄을 통과해서 반대쪽에서 묶어주면
좋습니다.

누구에게나 어울리는 심플 디자인

큐빅볼 Y목걸이와 귀걸이

재료
6mm 큐빅볼 12개
4mm 축구볼 12개, 12cm체인 2개
마감장식, 메탈나비장식 1개
T핀 1개, 9핀 24개

귀걸이 재료
은낚시, 메탈나비 2개
4mm 축구볼 2개, 8mm 큐빅볼 2개
9핀 4개, T핀 2개

그림과 같은 순서로 T핀 9핀 작업하여
연결해준다.

가닛과 자개의 고급스러운 조화

가닛 자개 목걸이

목걸이 재료
20mm 자개 7개, 12mm 자개 8개
신주버니쉬 체인 40cm
4mm 축구볼 21개
O링 29개, T핀 21개
귀걸이 재료
25mm 자개 2개
신주버니쉬 낚시 1쌍, O링 6개
T핀 6개, 4mm 축구볼 6개

체인에 자개는 O링으로
연결하고 축구볼은 T핀
작업하여 그림처럼 연결한다.

원석 진주 목걸이와 귀걸이

고급스러운 매력을 자랑하는

① 8mm타원형진주는 모두 T핀 작업한다
② 중심은 씨드 3개, 좌우 2개씩은 씨드 2개씩 9핀 작업한다.
③ 아래 그림과 같은 순서로 넣고 마무리한다.

4mm 진주 32개 정도

목걸이 재료
원석칩 12개
타원형진주 8mm 5개, 4mm 64개
씨드비즈, 와이어 40cm, 마감장식

귀걸이재료
은낚시 1쌍, 원석칩 6개
8mm 타원형 진주 2개
씨드비즈 4개, 9핀 2개, T핀 2개

오늘 하루 정열의 여신

레드체인 목걸이

재료
마감장식
굵은 체인 35cm
가는체인 27cm
라운드 원석 12mm 3개
10mm 2개, 8mm 4개
6mm 6개
T핀 15개
O링 15개

그림과 같은 순서로 T핀 작업하여 연결한다.

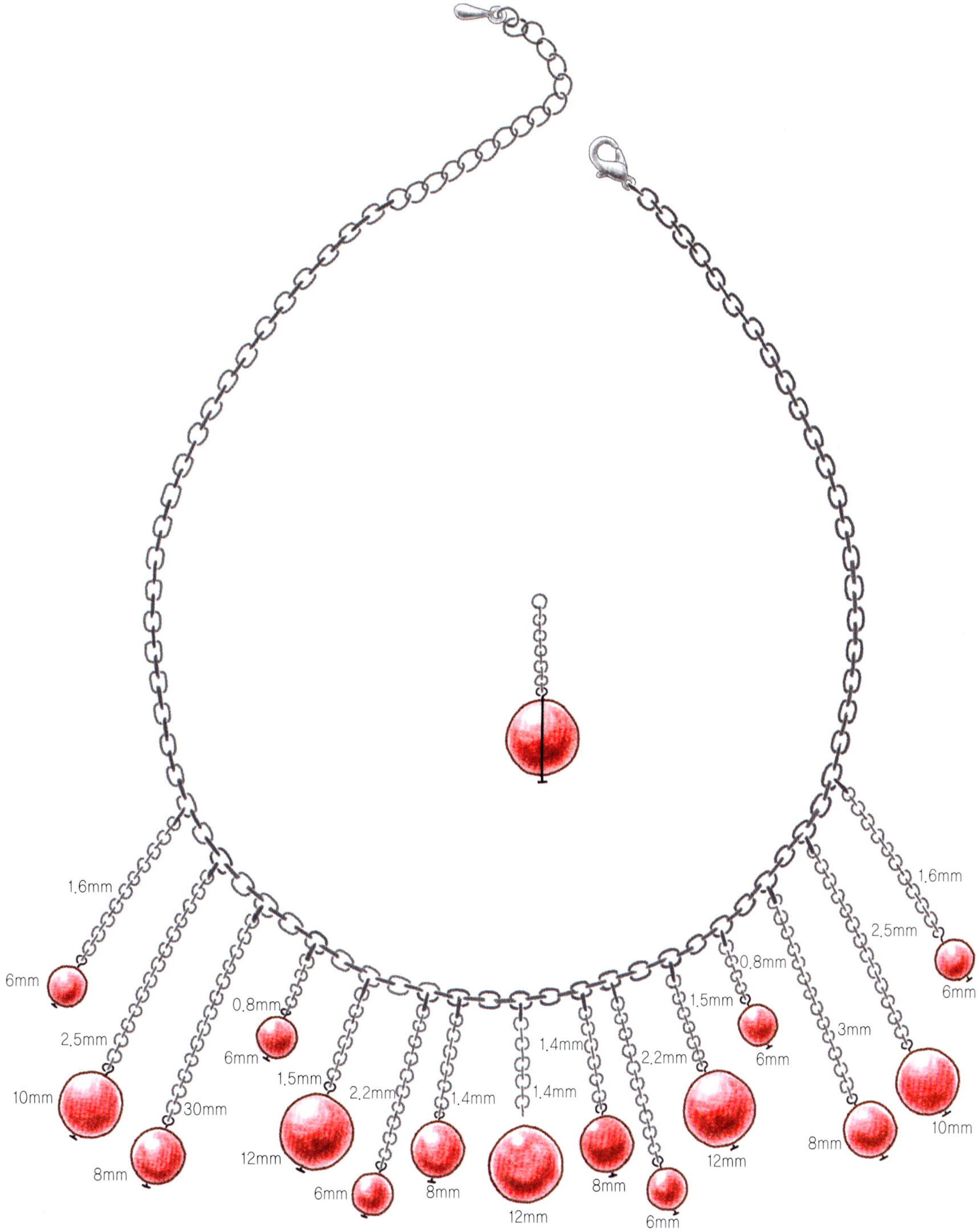

1.6mm

1.6mm

2.5mm

6mm

6mm

2.5mm

0.8mm

0.8mm

1.5mm

6mm

6mm

3mm

10mm

1.5mm

2.2mm

6mm

30mm

1.4mm

1.4mm

2.2mm

12mm

12mm

8mm

12mm

1.4mm

1.4mm

8mm

8mm

10mm

6mm

8mm

12mm

8mm

6mm

12mm

6mm

캐주얼한 멋을 완성하는

매듭줄 자개 목걸이

투명 매니큐어는 왜 바르나요?

비드를 접착제를 이용해서 붙이면 접착제의 지저분한 흔적이 남습니다.
이때 매니큐어를 발라주면 흔적도 없어지고 비드가 떨어져 나갈 확률도 적어지죠.
스톤을 붙일때 생기는 접착제의 자국은 아세톤으로 닦으면 깨끗해 집니다.

극대씨드 12개로 고리 만들어 준다.

6mm 막대비드를 접착제로
꽃모양으로 고정시킨 후
위에 투명 매니큐어를 발라준다.

재료
40mm 자개 1개
6mm 막대비드 10개
극대씨드 12개
매듭줄

① 6mm 막대비드를 접착제로 고정시킨후 위에 투명 매니큐어를 발라준다.
② 극대씨드 12개로 고리를 만들어 준다.
③ 매듭줄을 끼워준다.

글래스비즈 체인 목걸이와 귀걸이

글래스비즈와 크리스탈 진주의 신비로운 조화

귀걸이재료
신주버니쉬 낚시 1쌍
커넥터 2개
O링 6개, 9핀 6개
T핀 2개, 캡 4개
8mm 크리스탈펄 2개
6mm 주판알 2개
4mm 주판알 2개
글래스비즈 2개

목걸이재료
체인 40cm, 마감장식
글래스비즈 6개
4mm 주판알 2개
6mm 주판알 4개
6mm 크리스탈펄 4개
8mm 크리스탈펄 2개
리본 1개, T핀 17개
캡 4개

신주버니쉬 체인에 그림과 같은 순서로
모두 T핀 작업하여 걸어준다.

다이아몬드의 투명한 아름다움
다이아몬드 목걸이와 귀걸이

은줄의 길이를 조절할때는 어떻게 해야 하나요?

자신의 목에 맞추어 은줄의 길이를 자른후 마감장식의 O링을 열어 연결합니다.
O링이 열리지 않을때는 니퍼로 잘라 열고 남은 은줄은 귀걸이에 이용합니다.

← 은줄을 자를 때는 이 부분에서 열어서 잘라 목걸이 길이 조절,
남은 부분은 귀걸이에 이용

목걸이 재료
은줄 T핀 11개, 6mm 주판알 3개
4mm 큐브 4개, 4mm 축구볼 4개

귀걸이재료
은낚시 1쌍, T핀 2개
은줄 2마디, 4mm 주판알 2개
6mm 꽃 2개, 6mm 주판알 2개
4mm 큐브 2개, 4mm 축구볼 2개

그림과 같은 순서로
T핀작업하여 연결한다.

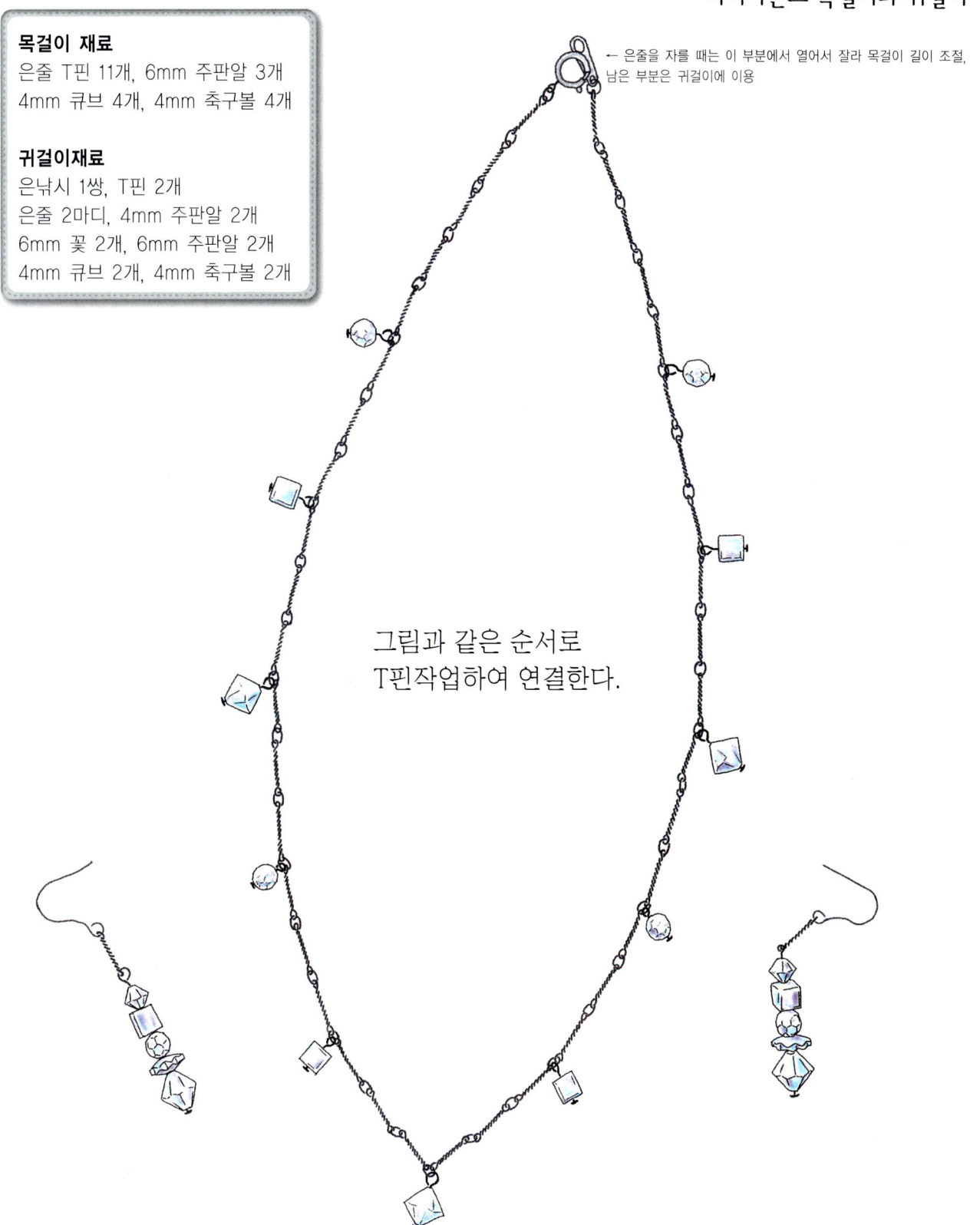

청바지에 달랑 귀걸이 하나로 포인트 줄때

문스톤 귀걸이

9핀으로도 고리를 만드나요?

옆으로 구멍이 나 있는 드랍은 은선이나 동선을 이용하여 고리를 만드나
흔히 있는 재료인 T핀이나 9핀의 머리를 자른후 고리를 만들어 쓰면 간편합니다.

재료
문스톤 드랍 1.2 x 8mm 2개
6mm 축구볼 2개
메탈하트장식 2개
9핀 4개
은낚시

②

9핀 작업

0.7cm

9핀을 넣은 후 꼬아준 후
고리 만들기

①

← 이 부분을 평집게로 잡은 후
두번 비틀어 주고 니퍼로 한쪽만 6mm 남긴 후
자르고 고리 만든다.

① 문스톤드랍에 9핀을 통과시켜 고리를 만들어준다.
　　이 부분을 평집게로 잡은 후 두 번 비틀어주고
　　니퍼로 한쪽만 6mm 남기고 잘라 낸후 9자집게로 고리를 만들어준다.
② 그림과 같은 순서대로 연결한다.

손등에서 찰랑이는 보랏빛 느낌의
글래스비즈 팔찌

그림과 같은 순서로 T핀 9핀 작업하여 연결한다.

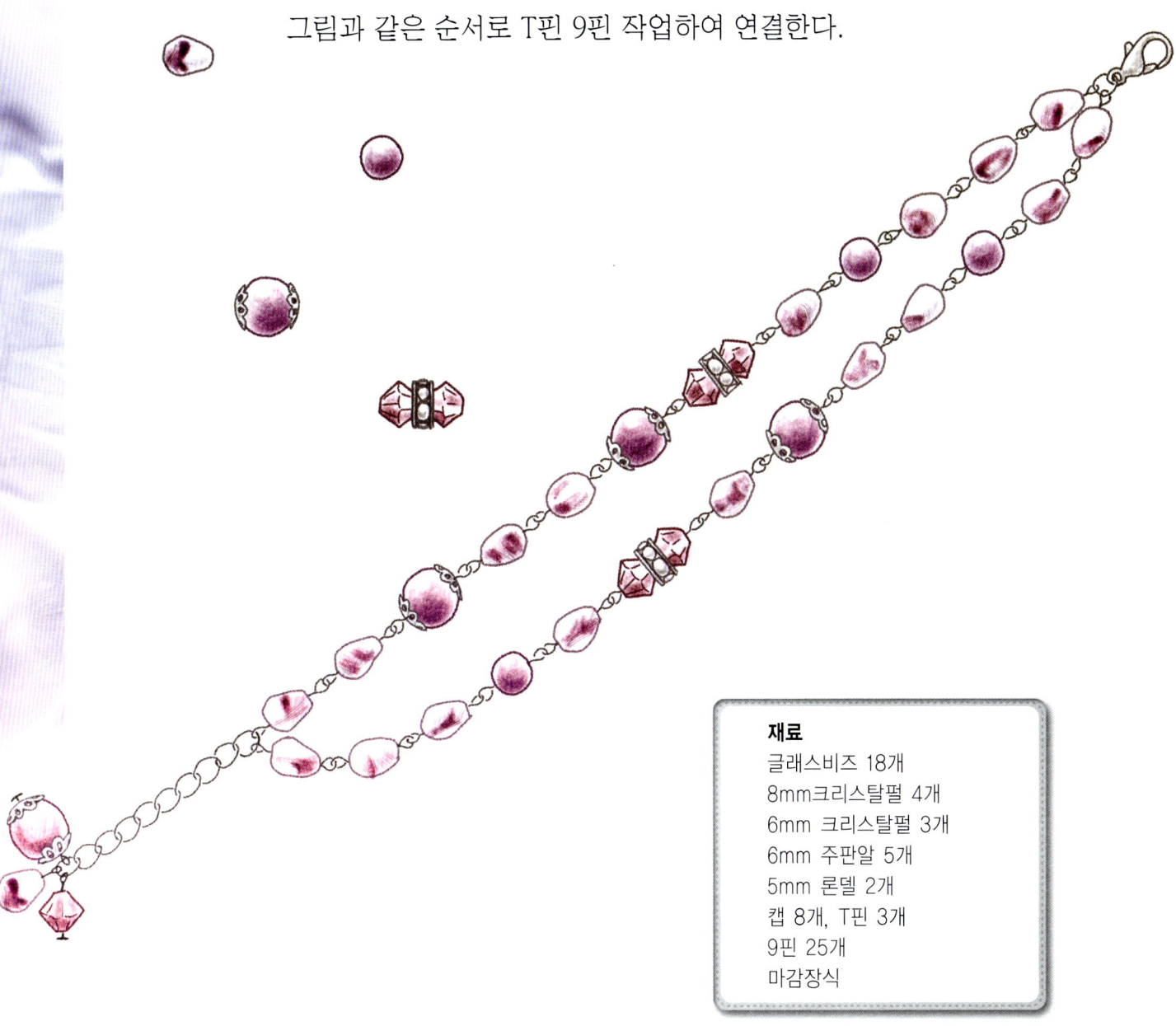

재료
글래스비즈 18개
8mm크리스탈펄 4개
6mm 크리스탈펄 3개
6mm 주판알 5개
5mm 론델 2개
캡 8개, T핀 3개
9핀 25개
마감장식

귀여운 소녀같은

산호리본 목걸이와 귀걸이

목걸이 재료
물결체인 40mm, 마감장식
3mm 산호 16개
6mm 튜브형 산호 2개
메탈리본 1개, O링 1개
T핀 6개, 9핀 1개
귀걸이 재료
은낚시, 3mm 산호 24개
메탈리본 2개, 9핀 2개

산호리본 목걸이와 귀걸이

3mm 산호
6mm 튜브 ── T핀으로 걸어준다.
3mm 산호

① 3mm 산호알로 12구를 만든다.
② 물결체인에 연결한다.

여성들에게 영원히 사랑받는 아이템

리본 목걸이

재료
와이어 38cm
마감장식
3호 낚싯줄 50cm

3mm 주판알 240개
6mm 축구볼 1개

① 38cm와이어에 3mm주판알 76개, 6mm 축구볼 1개,
3mm 주판알 76개를 넣고 마감장식을 연결한다.
② 3호 낚싯줄 50cm를 축구볼을 통과하여 양쪽 모두
주판알 30개씩넣고 축구볼에서 교차한 후 리본의
아래쪽을 만들어준다.

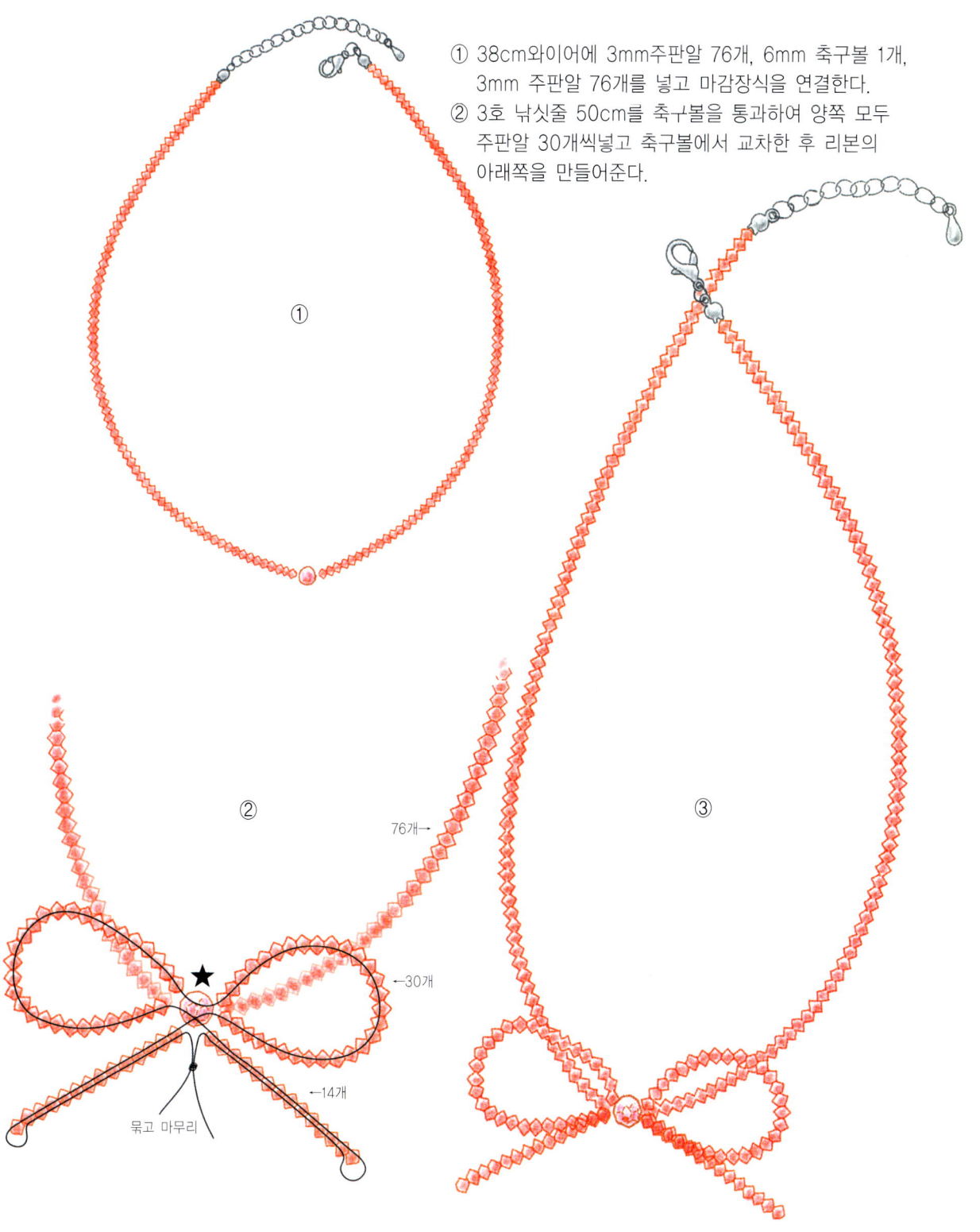

①

②

③

76개→

←30개

←14개

묶고 마무리

★

작품명. 색동목걸이 하고

Part 2

반짝이는 구슬의 마력속으로...

간단하게 만들어 가까운 이들에게 선물하는

입체꽃 핸드폰줄

라운드 비즈를 잘 활용해 보세요.

정성을 다한 선물이지만
주판알의 뾰족한 면 때문에 핸드폰이 긁히면 오히려 미안하죠?
라운드 비즈를 잘 활용하면 두배의 정성을 표현할수 있답니다.

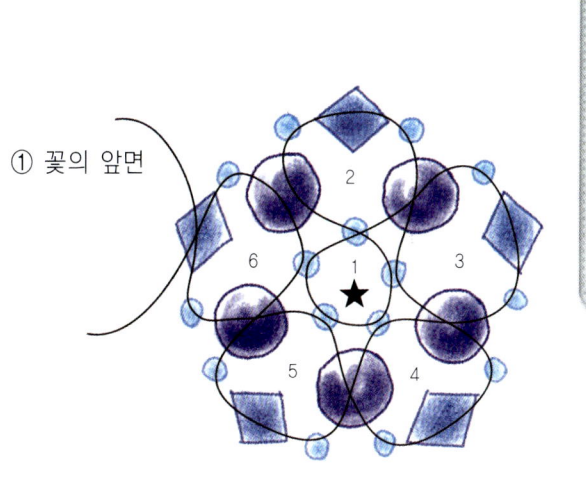

① 꽃의 앞면

재료
6mm 캣츠아이 10개
6mm 주판알 5개
씨드비즈 30개
매듭 핸드폰줄
O링
3호 낚싯줄 50cm

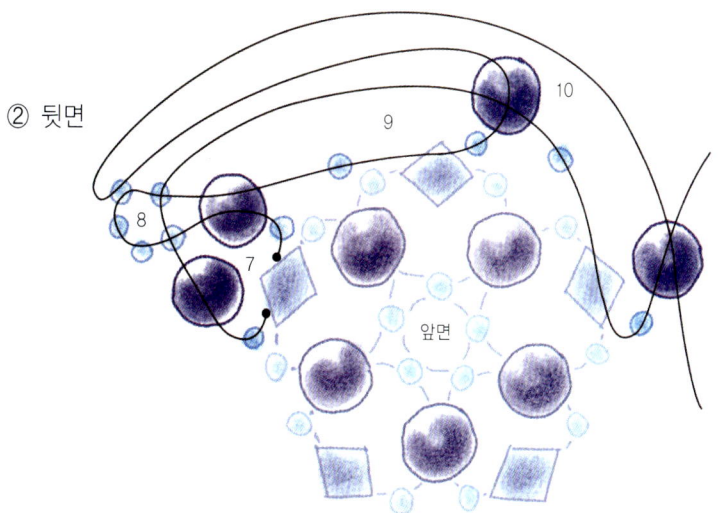

② 뒷면

① 꽃의 앞면을 만든다.
② 뒷면은 앞면의 가장자리 크리스탈을 공유하면서 만든다.
③ 11번은 10번과 같은 방법으로 만든후 12번은 7번과 연결하여 마무리한다.
④ O링으로 핸드폰줄을 연결한다.

손가락에 끼워지는 사랑스러움

리본 반지

① 하트를 2개 만든다.

② 2개의 하트를 론델로 연결한다.
  – 이때 3mm주판알을 한줄만 통과하여 묶어 마무리해도 되지만
    좀더 예쁘게 모양을 잡으려면 교차를 한후 다른쪽에서 만나서 묶고
    마무리하는것도 좋습니다.

③ 반지링을 8~9개 만든후 반대쪽 같은 위치에서 마무리한다.

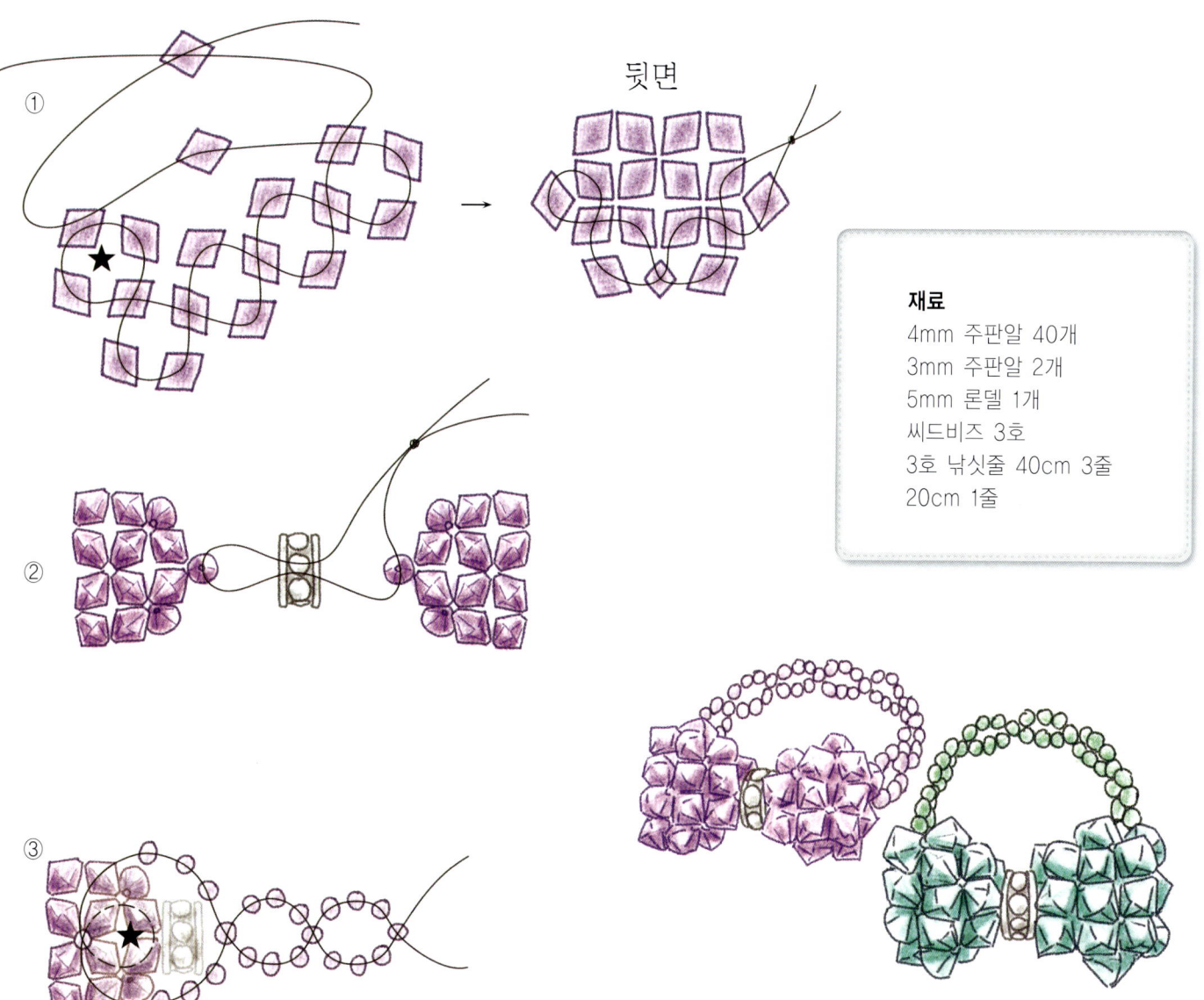

뒷면

재료
4mm 주판알 40개
3mm 주판알 2개
5mm 론델 1개
씨드비즈 3호
3호 낚싯줄 40cm 3줄
20cm 1줄

명품도 부럽지 않은 세련된 디자인

블랙 Y목걸이와 귀걸이

왜 체인을 잘라서 연결하나요?

이런 디자인을 만들때는 체인을 필요한 길이만큼 잘라서
O링으로 연결하는 것이 좋습니다.
좀 번거롭긴 하지만 착용 했을대 연결부분이 자연스럽게 펴지거든요.

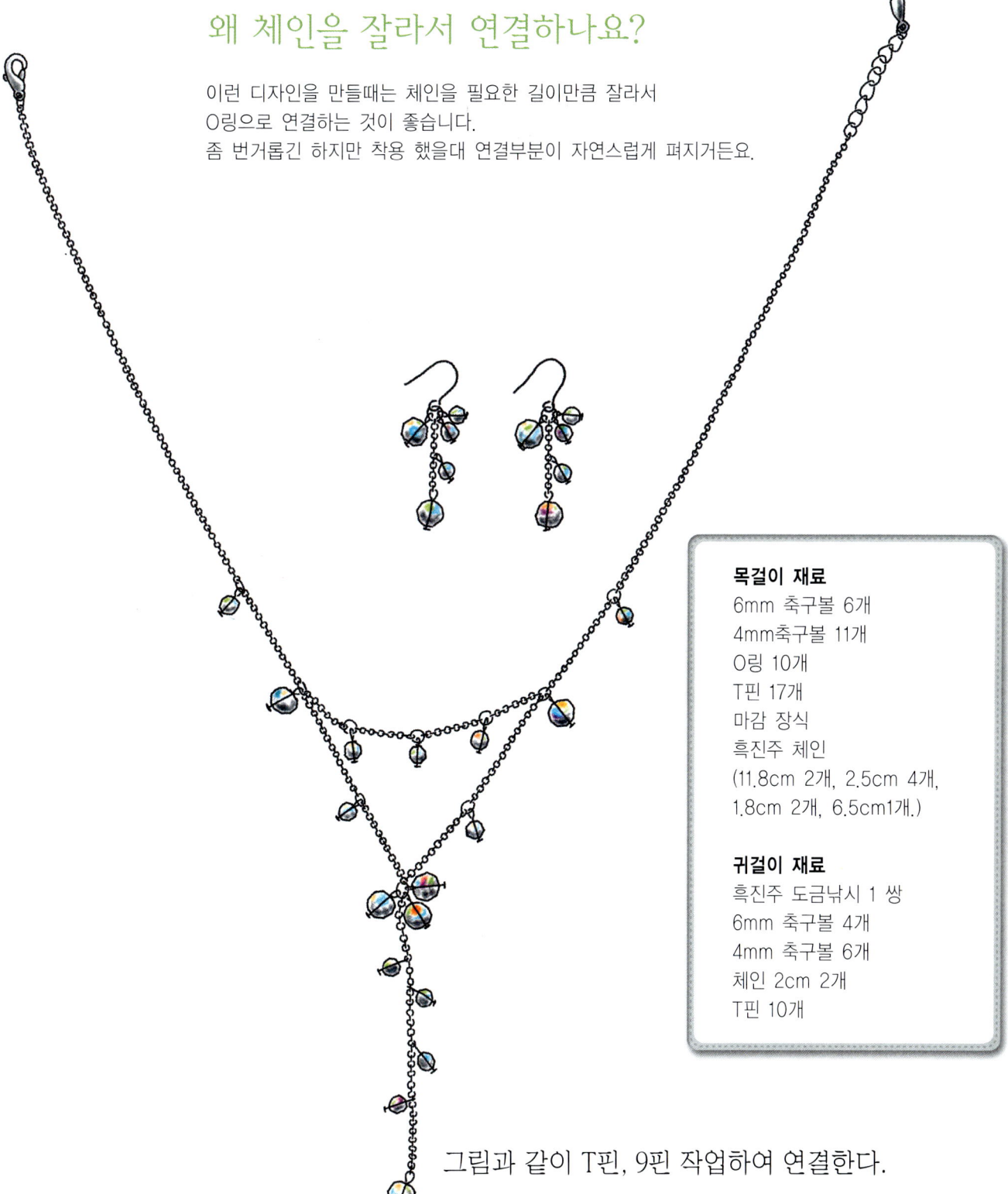

목걸이 재료
6mm 축구볼 6개
4mm축구볼 11개
O링 10개
T핀 17개
마감 장식
흑진주 체인
(11.8cm 2개, 2.5cm 4개,
1.8cm 2개, 6.5cm1개.)

귀걸이 재료
흑진주 도금낚시 1 쌍
6mm 축구볼 4개
4mm 축구볼 6개
체인 2cm 2개
T핀 10개

그림과 같이 T핀, 9핀 작업하여 연결한다.

원석의 자연스러움을 살린

원석 핀과 반지

핀 재료
50cm 핀대 2개, 원석 사사리 8개
3mm진주 12개
3호 낚싯줄 60cm 2줄

반지 재료
유리반지 1개, 원석 사사리 2개
3mm 진주 3개
3호 낚싯줄 40cm

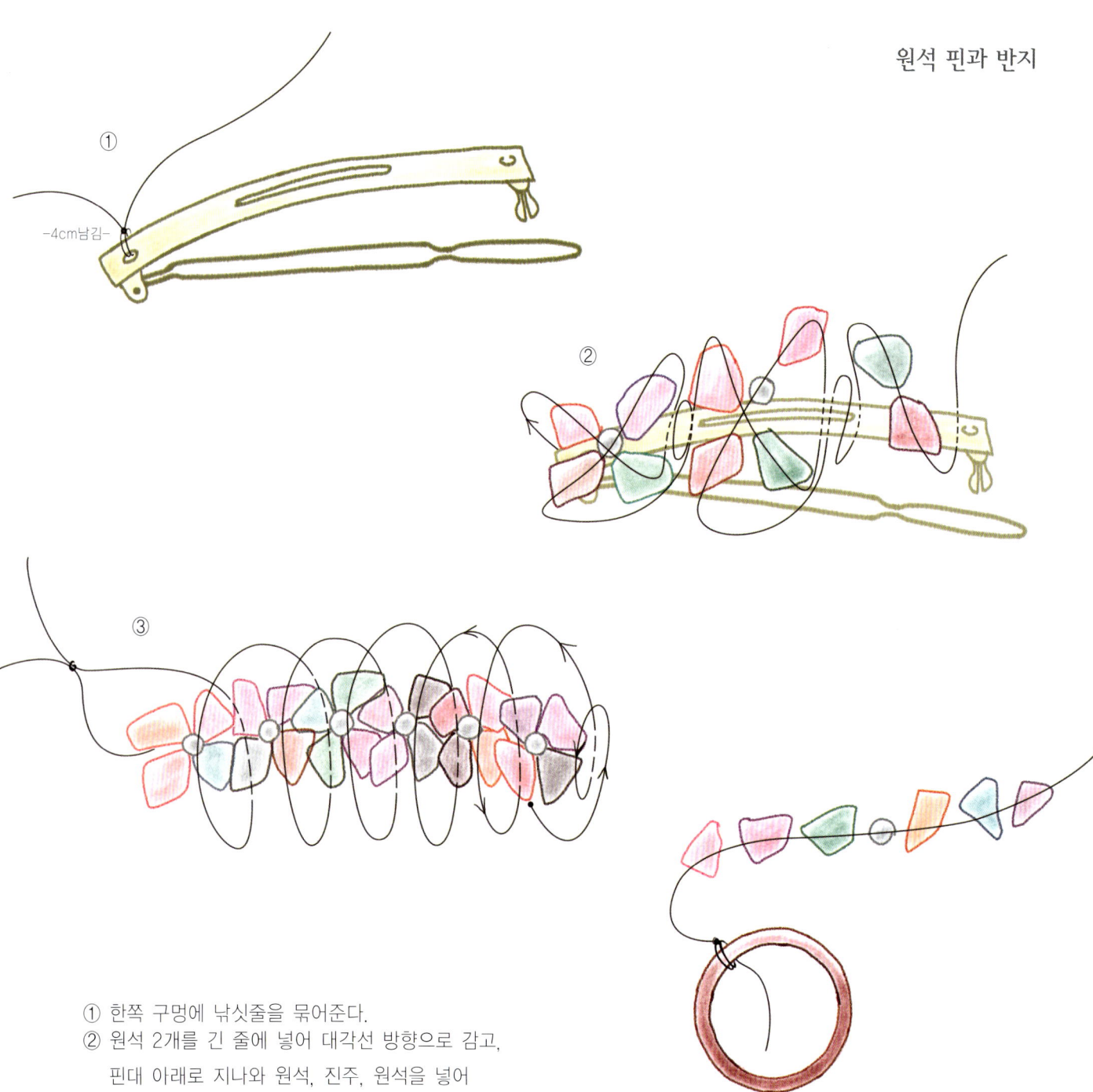

① 한쪽 구멍에 낚싯줄을 묶어준다.
② 원석 2개를 긴 줄에 넣어 대각선 방향으로 감고,
　 핀대 아래로 지나와 원석, 진주, 원석을 넣어
　 핀대에 한번 감아준 후 다음 꽃을 만든다.
③ 핀대의 끝까지 6개의 꽃을 만든 후 남은 낚싯줄은
　 꽃사이로 감으며 처음으로 돌아와 남겨 놓은
　 실과 묶고 마무리 한다.

반지 : 핀과 같은 방법으로 꽃을 3개 올려준다.

진주꽃 누드 목걸이와 귀걸이

드랍형의 진주와 나뭇잎을 이용한 로맨틱 누드

재료
드랍형 못난이 진주 99개
나뭇잎 6개
파이어 폴리쉬
(b색 22개, c색 16개)
2호 낚싯줄 20cm 5개
와이어 40cm 3개
마감장식

귀걸이 재료
진주알 24개
나뭇잎 2개
T핀 4개
은낚시

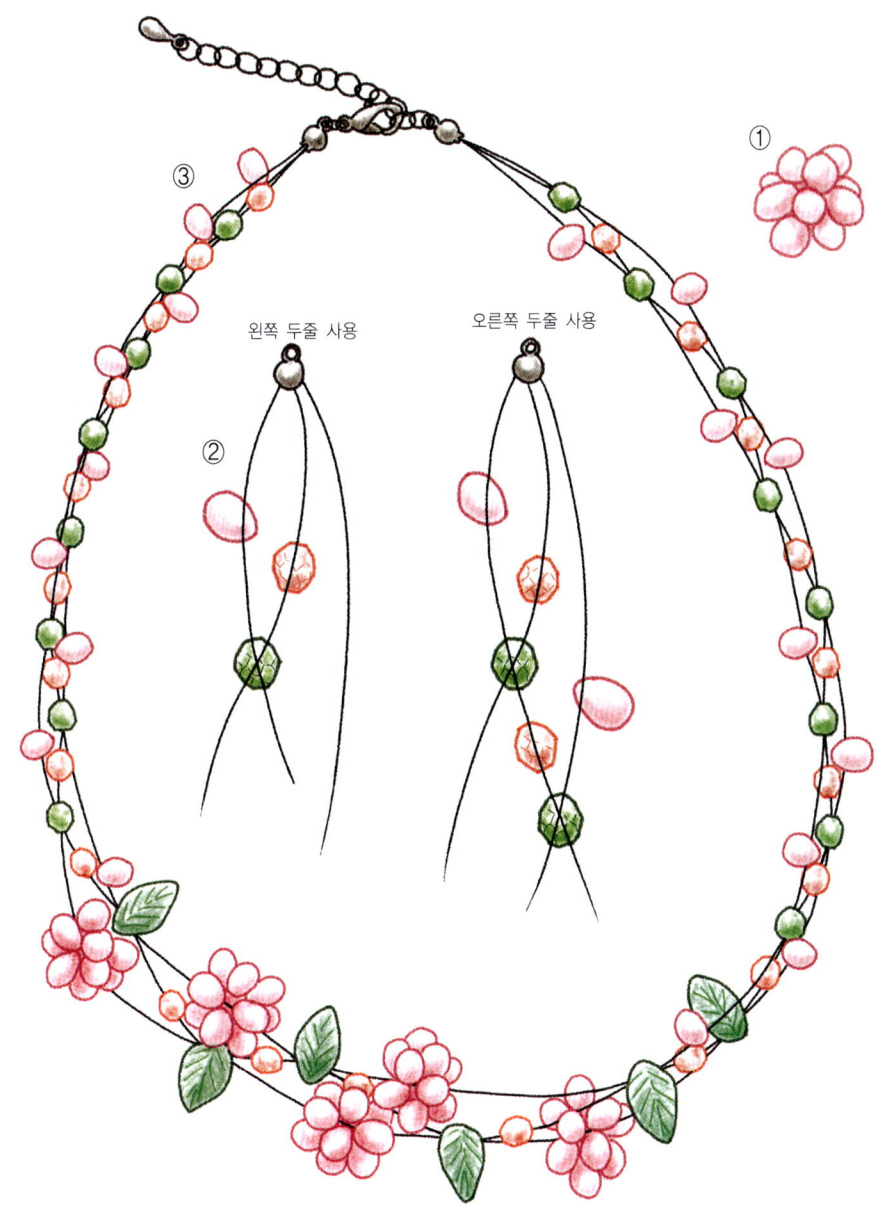

① 진주알로 12구를 5개 만든다. 12구 만들기는 p47 도안 참조
② 와이어 3줄에 그림과 같이 엇갈리게 넣는다.
③ 3가지 구슬의 엇갈림을 8번 반복 후 a자리는 12볼, b는 같고,
   c는 나뭇잎으로 넣기를 5번 반복하고 처음과 같이 8번을 반복한 후 마무리한다.
   (a:진주 b:분홍색 파이어 폴리쉬 c:그린색 파이어 폴리쉬)

사랑스럽게 보이고 싶을 때

초록별 귀걸이

①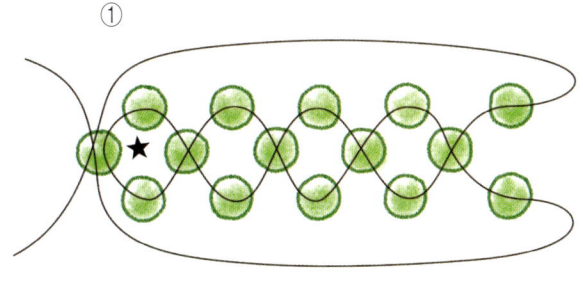

②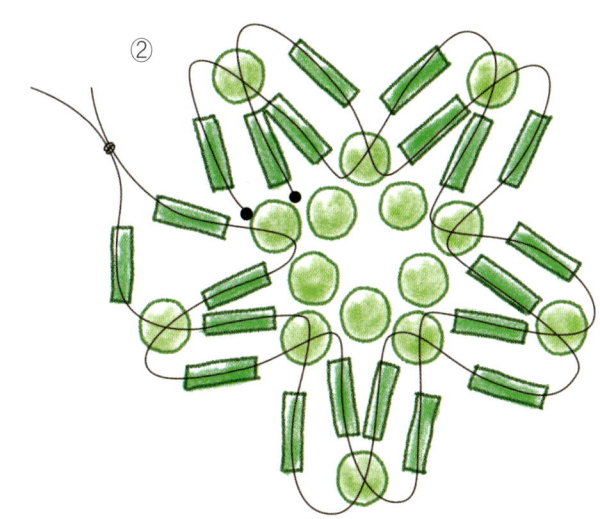

③

재료

캣츠아이 4mm40개
6mm 막대비드 40개
O링 2개
은낚시 1쌍
3호 낚싯줄 60cm 2줄

① 별의 안쪽은 사각뜨기를 해준다.
② 막대비드로 별의 날개 만들기를 5번 반복한다.
③ O링으로 은낚시에 연결한다.

나만의 개성을 표현해주는
칼라자개 귀걸이

재료
20cm 가운데 구멍 자개 2개
씨드비즈 2색(49개씩)
O링 2개
은낚시 1쌍
3호 낚싯줄 60cm 2줄

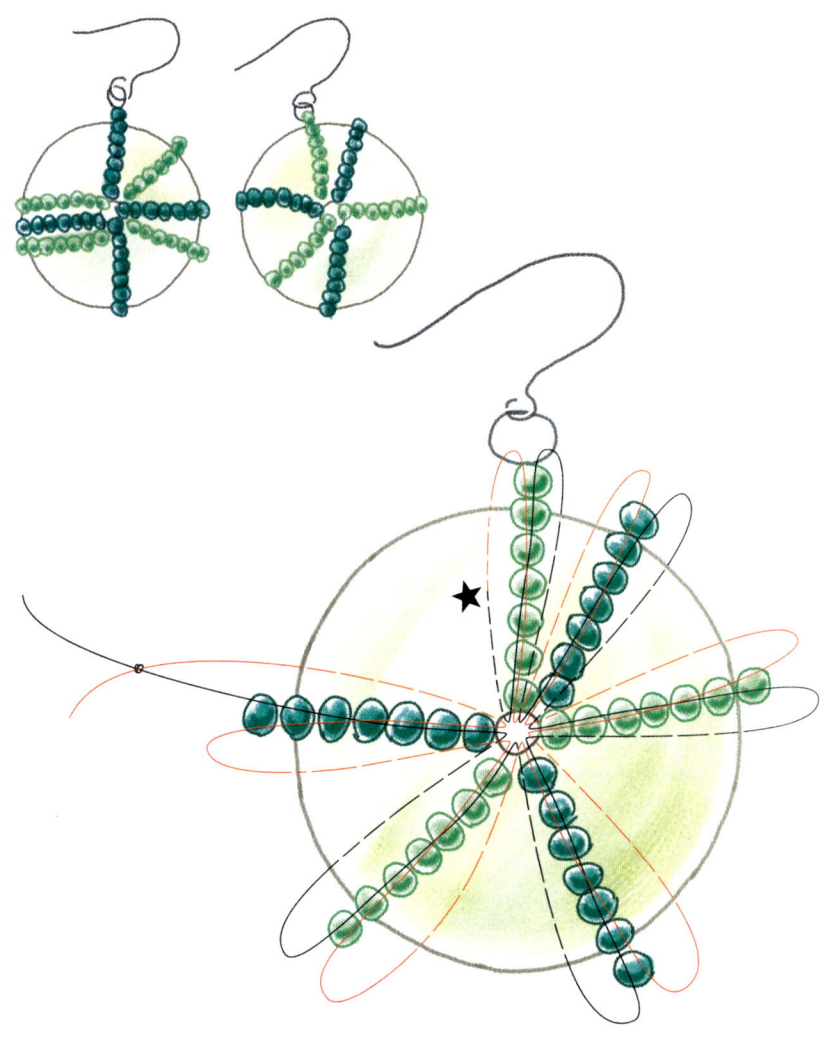

① 자개의 뒤쪽에서 올라 온 낚싯줄에 씨드비즈 7개를 넣고 한번에 교차한다.
② 자개의 뒤쪽에서 교차하여 올라온 실에 다시 다른 색깔의 비즈 7개를 교차한다.
③ 1, 2번과 같은 방법으로 원하는 만큼 반복한다.
④ 마지막은 바깥쪽에서 묶고 마무리한다.

딸기 핸드폰줄과 귀걸이

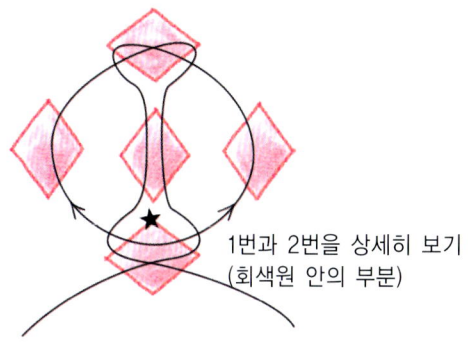

1번과 2번을 상세히 보기
(회색원 안의 부분)

① 딸기를 아래 그림과 같이 만든다.
② 잎새를 만들고 핸드폰 줄을 연결한다.

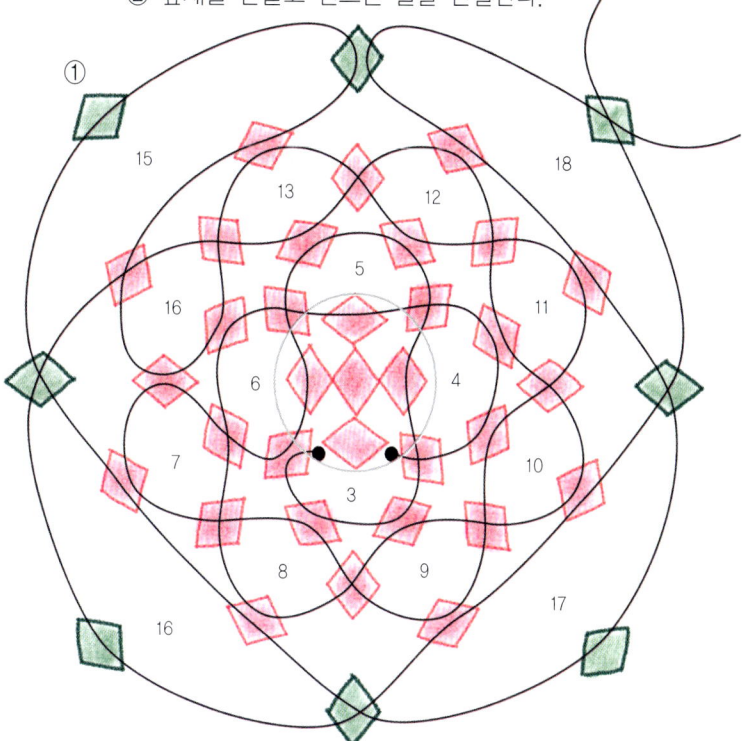

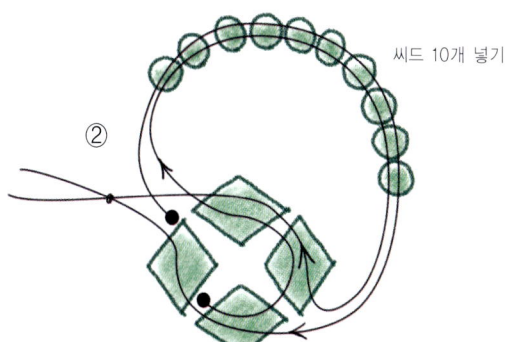

씨드 10개 넣기

② 묶고 마무리

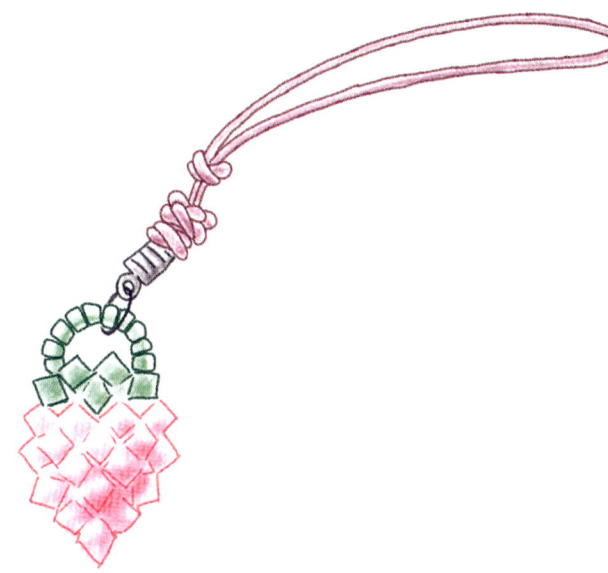

재료
4mm 주판알 딸기 33개
잎새 8개, 씨드비즈 10개
오링, 핸드폰줄
3호 낚싯줄 60cm

쉽게 만들지만 고급스러운

앤틱 시계 팔찌

재료
앤틱시계알 1개
4mm 주판알 92개
(10단을 만들때는 98개 필요)
씨드비즈 10개
3호 낚싯줄 60cm 2줄

①

앤틱시계알

① 시계줄의 밑판을 만들어 준다.
② 돌아오면서 사각꽃을 올려준다.

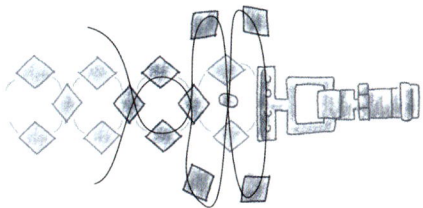

②

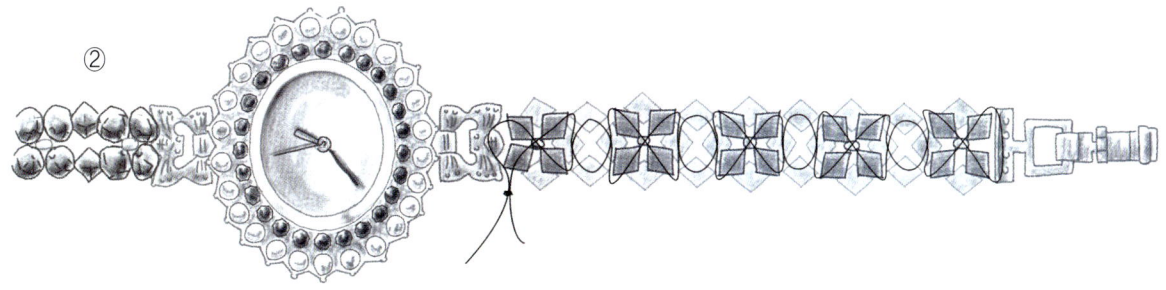

앤틱시계알

여성스러움과 고급스러움이 어우러진
리본 까메오 목걸이

재료
2.4x1.8 타원형 까메오
가죽줄 3mm
(50cm 1줄, 8cm 2줄, 2cm 1줄)
3mm 주판알
중심색 : 20개, 주변색 : 20개
씨드비즈 극소:40개, 일반:30개
마감장식, T핀, O링
3호 낚싯줄 90cm

① 3호 낚싯줄 90cm로 그림과 같이 만든다.
② 19번까지 만든 후에는 씨드 2개를 넣고 안쪽 씨드만 한바퀴 통과하여, 20번, 21번을 만든다.
③ 40번까지 만든 후 바깥쪽 씨드비즈만 한바퀴 돌려 까메오를 넣고 마무리 한다.
④ 리본 만들기
　– (1) 8cm 가죽줄 2개를 그림처럼 접은 후 ★부분을 접착제로 고정시킨다.
　– (2) 2개를 아래 위로 나란히 잡고 중심부분을 2cm가죽줄로 깨끗이 말아 접착시켜준다.
　　　이때 목걸이 끈으로 사용할 50cm줄도 같이 넣어 준다.
⑤ 까메오의 중심에 T핀으로 고리를 만든 후 O링으로 리본에 걸어준다.
⑥ 마감장식을 연결한다.

초록 매니아들을 위한
스톤 목걸이

스톤을 붙일 때…

순간접착제로 스톤을 붙일때는 스톤을 거꾸로 넣고
벌집도 뒤집어서 스톤의 뾰족한 부분이 중심에 오게한후 접착제를 가장자리에 한방울 떨어뜨립니다.
이때 접착제의 양이 많으면 스톤의 앞면이 흐려지기도 하는데 아세톤으로 닦아 주세요.

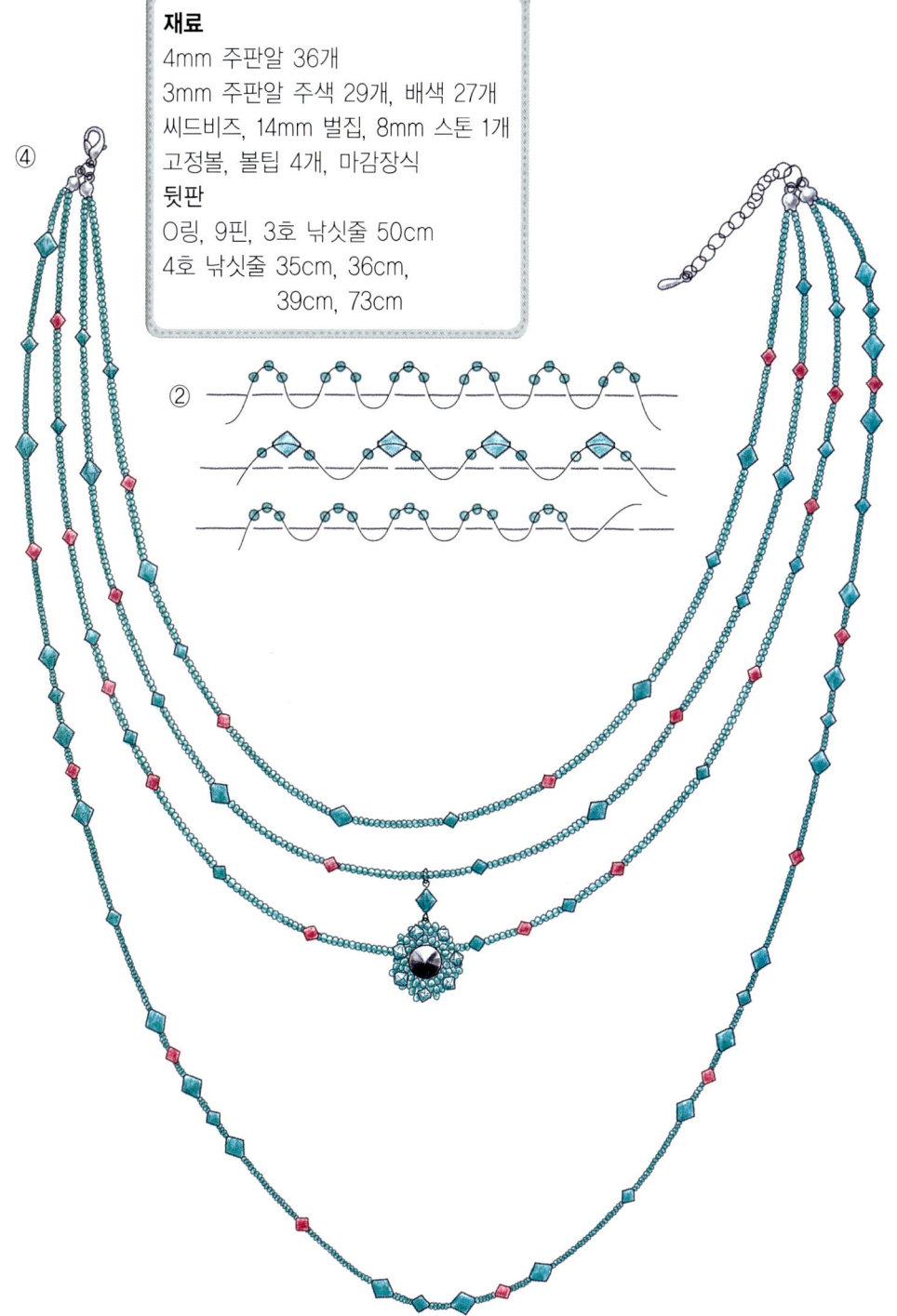

재료

4mm 주판알 36개

3mm 주판알 주색 29개, 배색 27개

씨드비즈, 14mm 벌집, 8mm 스톤 1개

고정볼, 볼팁 4개, 마감장식

뒷판

O링, 9핀, 3호 낚싯줄 50cm

4호 낚싯줄 35cm, 36cm,
　　　　39cm, 73cm

① 순간접착제로 스톤을 벌집의 중심에 부착한 후 마른 후에 50cm낚싯줄을 벌집의 뒷편에서 묶어준후 짧은줄은 5cm남기고 긴줄은 올려준다. 1분 정도 잡고 있다 마른후에 낚싯줄을 묶어 준다.

② 긴줄에 위의 그림처럼 구슬을 장식한다.*3단의 마지막은 2칸을 건넌다.

③ 벌집을 꾸민후 글루건으로 뒷판을 붙여준다.

④ 4호 낚싯줄에 그림과 같은 순서로 구슬을 넣고 마감장식을 연결한다.

소녀들을 위해

진주알 포도송이 목걸이

그림과 같이 T핀 작업하여 O링으로 연결한다.

재료
6mm 원형 담수 진주 37개
은체인 1줄
T핀 37개
O링 20개

라일락 꽃향기처럼
라일락 목걸이와 귀걸이

① 3호 낚싯줄 20cm로 꽃송이를 5개 만든다.
② 파도 체인에 그림과 같이 연결한다.

목걸이 재료
4mm 주판알 꽃색깔 30개
3mm 주판알 5개
4mm 잎색깔 진한색 6개
연한색 6개
T핀 17개
파도체인 38cm
마감장식

귀걸이 재료
파도 체인 2마디 2개
은낚시 1쌍
4mm 주판알 꽃색 12개
잎색 – 진한색 2개
         연한색 4개

품격있는 여인의 향기
앤틱 칼라 자개 비녀

재료

비녀, 동판 2개
12mm 자개 10개
4mm 주판알 8개
6mm 주판알 2개
씨드 2개, O링 2개
T핀 2개, 9핀 2개
3호 낚싯줄 40cm 2줄
30cm 3줄

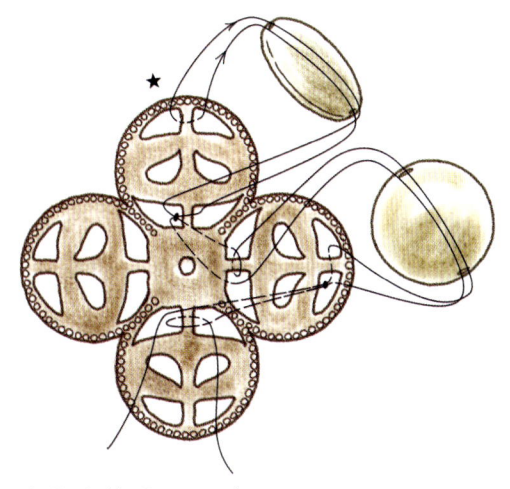

1. 꽃잎 올리기(3호 40cm)

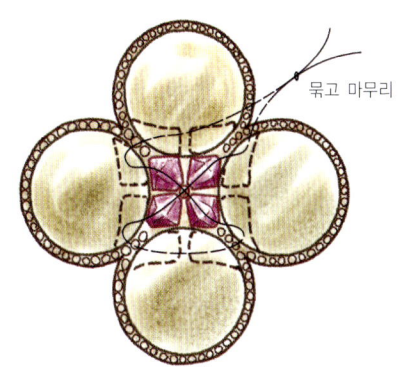

묶고 마무리

2. 꽃의 중심(3호 30cm)

① 뒷쪽에서 나온 두개의 낚싯줄에 자개를
  넣고 아래쪽으로 내려가 묶어준다.

② 옆의 꽃잎으로 낚싯줄 옮길 때 a실을
  판을 한번 감아서 올려주어
  b실은 그냥 올려준 후 자개 넣고
  뒤에서 묶는다.

③ 3번, 4번 꽃잎도 같은 방법으로 올린다.

3. 2개의 꽃을 만들어 비녀대를 중심으로 양쪽으로 묶어준 후
  9핀, T핀 작업한다.

365일 크리스마스를 즐기자

크리스마스 종

재료
4mm 주판알 30개
6mm 주판알 1개
8mm축구볼 1개
5mm 론델 1개
T핀 1개, 9핀 1개
체인 1 cm
핸드폰줄 1개
3호 낚싯줄 40cm

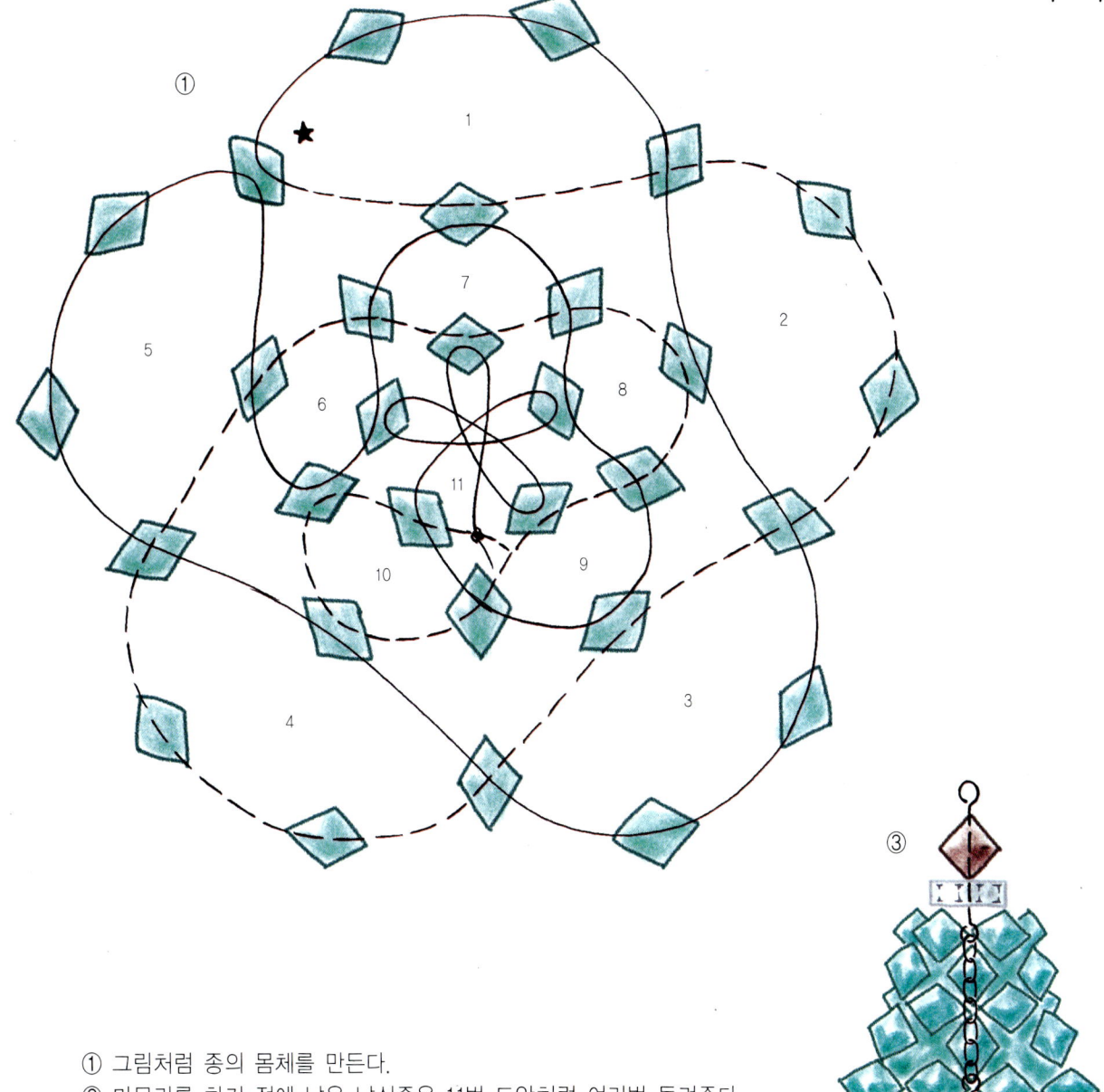

① 그림처럼 종의 몸체를 만든다.
② 마무리를 하기 전에 남은 낚싯줄은 11번 도안처럼 여러번 돌려준다.
   (나중에 9핀이 빠지지 않게)
③ 완성하기
   9핀이 11번의 중심으로 통과하여 론델과 주판알을 넣고 고리를 만든 후
   체인과 8mm 축구볼을 T핀 작업하여 연결한다.

대담한 자유스러움의 표현

프릴 자개 목걸이

① 4mm사금석 축구볼은 T핀 작업한다.
② 체인의 중심부분에 O링으로 40mm자개를 연결한다.
  (연결고리는 체인으로 만든다)
③ 그림과 같은 순서로 사금석은 T핀으로 연결하고 자개는 O링으로 연결한다.
④ 체인의 끝부분에 마감장식을 연결한다.

재료
신주버니쉬 체인 40cm
40mm자개 1개
12mm자개 22개
18mm자개 4개
4mm사금석 20개
6mm사금석 8개
T핀 28개, O링 28개
체인 1cm, 마감장식

고풍스러운 매듭줄과 연결한

앤틱 나비 목걸이

매듭줄이 불편하시면

매듭줄이 싫으면 체인을 연결하고 양쪽모두 드랍을
3개씩만 떨어뜨려 주면 앤틱한 멋을 살릴 수 있습니다.

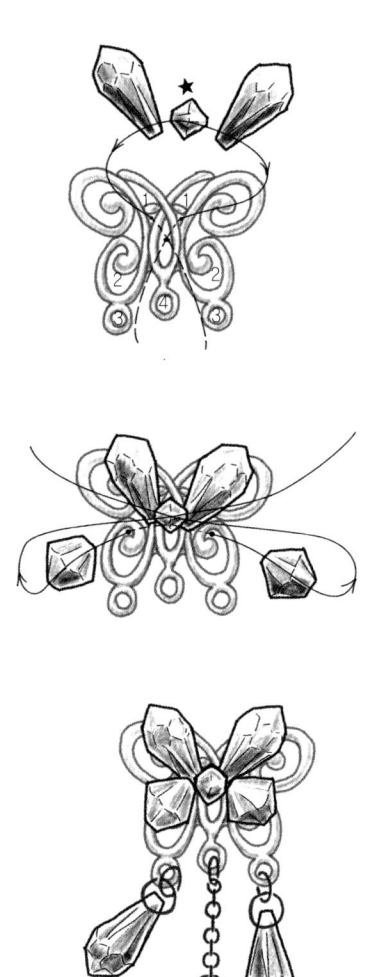

재료
드랍 小 5개
6mm 주판알 2개
4mm 주판알 1개
메탈나비판
체인 1cm, 매듭줄
마감장식
O링 8개
3호 낚싯줄 30cm

① 메탈판에 나비 모티브 만들기(30cm)
　①-1 30cm의 낚싯줄에 드랍 4mm 주판알, 드랍 넣고
　　　1번으로 들어가 뒤에서 묶어준다.
　①-2 양쪽 줄 2번으로 올라와 6mm 하나씩 넣고
　　　중심의 4mm에서 교차한 후 드랍으로 내려가
　　　뒤에서 마무리한다.
　①-3 O에 드랍 걸어 3번에는 O링으로,
　　　4번은 체인 1cm에 걸어준다.
② O링으로 좌, 우 매듭줄을 연결한다.

패션을 세련되게 완성해 줄

30구 긴줄 목걸이

긴줄 목걸이는 보통 니트위로 하게되어 목걸이 줄에
축구볼을 사용하면 부담없이 착용할수 있답니다.

체인 20마디 정도

① 30구를 1개 만든다.
  (교차할때만 축구볼을 사용한다.)
② 12구를 2개 만든다.
  (교차할때만 축구볼을 사용하다,
   12구 도안은 p47 산호리본목걸이 참조)
③ T핀과 9핀 작업하여 연결한다.

체인 7마디 정도

재료
3호 낚싯줄 40cm(30구)
30cm 2줄(12구)
4mm주판알39개
4mm축구볼 22개
6mm 주판알 6개
6mm 축구볼 7개
체인 50cm가량, 마감장식
O링 2개, T핀 2개, 9핀 20개

체인 5마디 정도

O링 연결

체인 2마디 정도

체인 3마디 정도

①

작품명. 사랑

Part 3

자신있게 도전하는 명품디자인

파스텔톤 꽃팔찌

재료
4mm 주판알 8개
3mm 86개
씨드비즈
3호 낚시줄 200cm 1줄
40cm 1줄
SS47 스톤 1개

① 팔찌의 중심 꽃을 그림처럼 만들어 준다.
② 뒷면은 씨드비즈로 만들고 스톤을 넣은 후 단단히 묶고 마무리한다.
③ 팔찌의 줄은 씨드비즈 6개를 한꺼번에 교차하여 만든다.
　　뒷면으로 가는 부분은 씨드비즈 6개씩만 교차가 들어가고
　　앞면은 씨드비즈 2줄과 3mm 크리스탈 꽃모양이 포인트로 나오게 된다.
④ 꽃모양을 7개 만든 후 중심꽃을 올려 준다.

일년 내내 크리스마스를 즐기자
크리스마스 리스 핸드폰줄

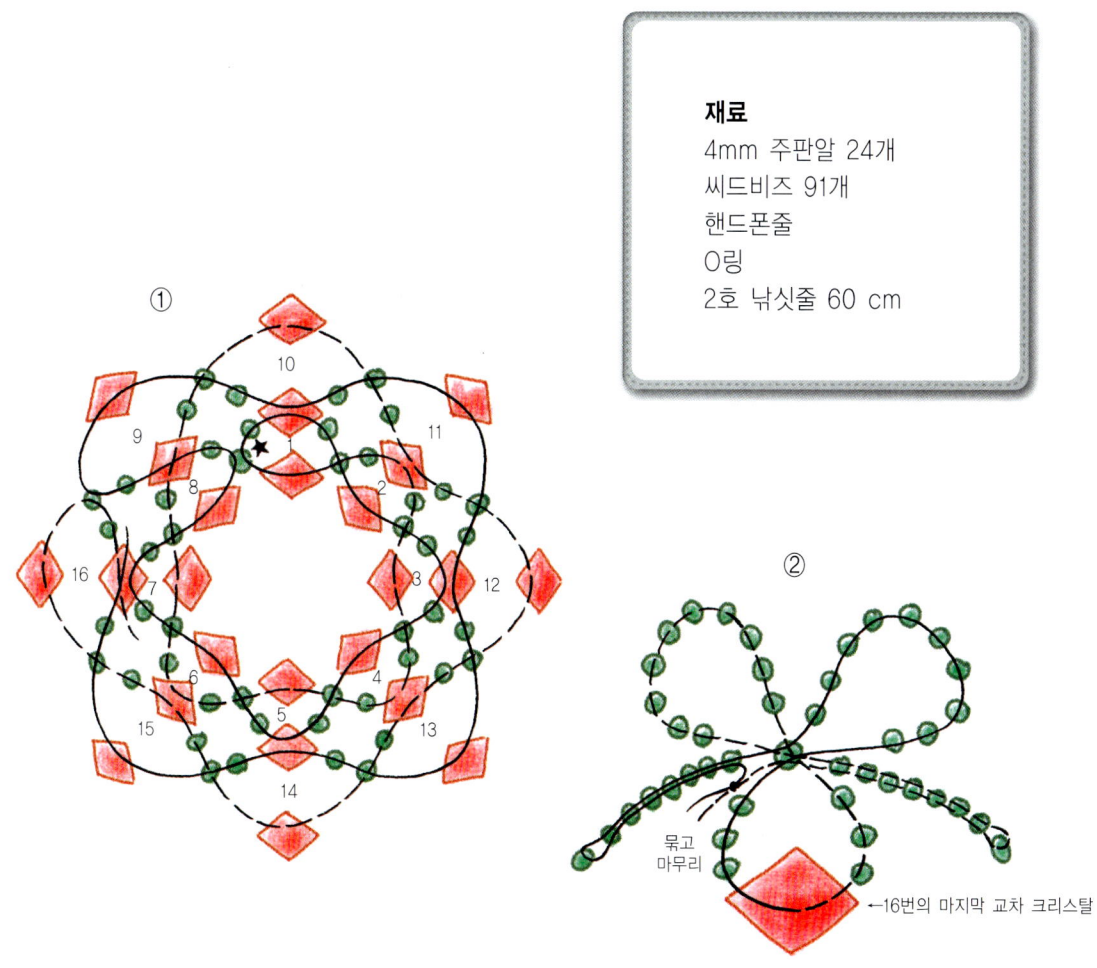

재료
4mm 주판알 24개
씨드비즈 91개
핸드폰줄
O링
2호 낚싯줄 60 cm

묶고
마무리

←16번의 마지막 교차 크리스탈

① 그림처럼 리스의 원형을 만든다.
② 씨드로 리본을 만들어 준다.
③ O링으로 리본이랑 핸드폰줄을 연결한다.

블랙과 레드의 조화

산호물결 목걸이

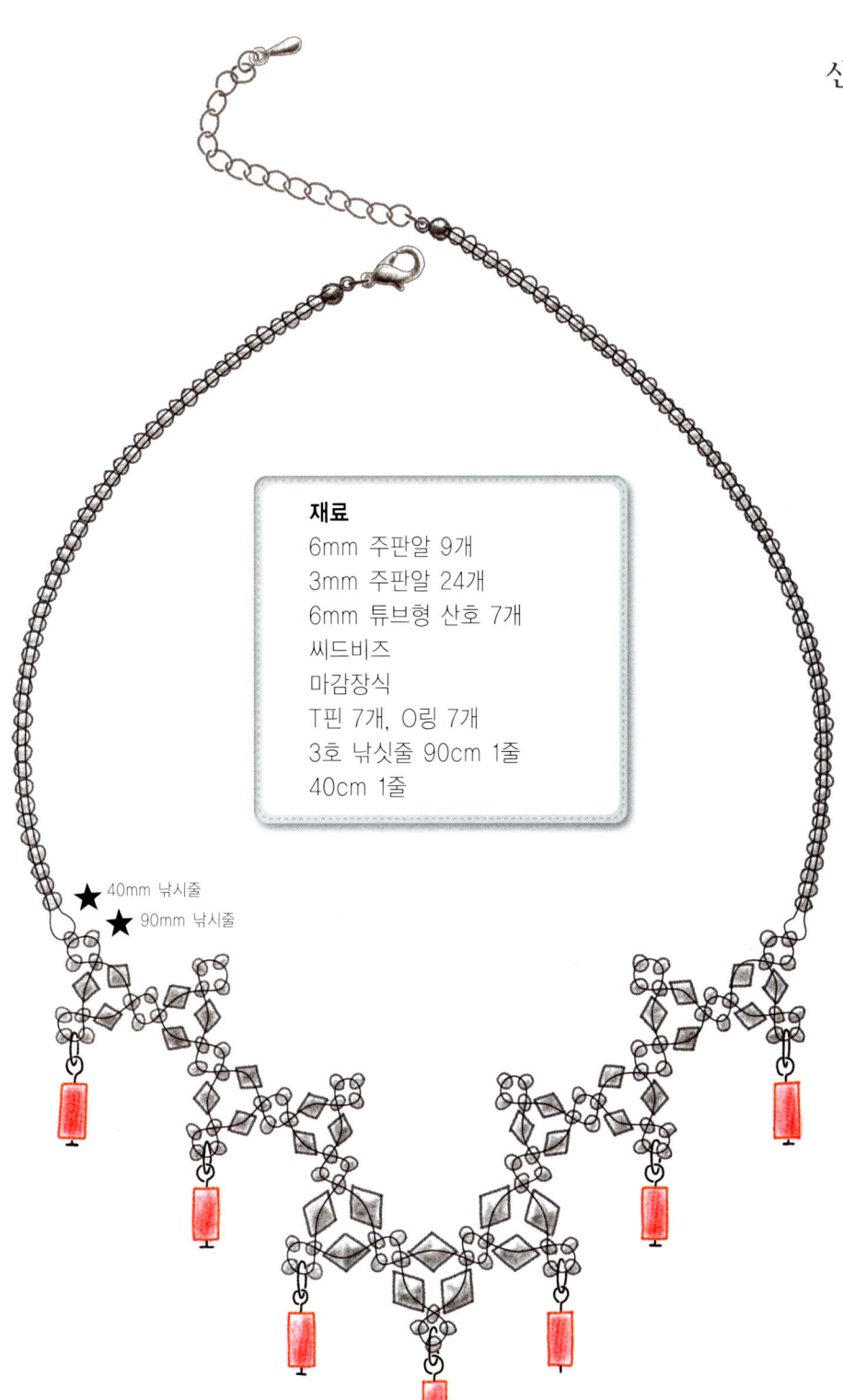

재료
6mm 주판알 9개
3mm 주판알 24개
6mm 튜브형 산호 7개
씨드비즈
마감장식
T핀 7개, O링 7개
3호 낚싯줄 90cm 1줄
40cm 1줄

★ 40mm 낚시줄
★ 90mm 낚시줄

① 90cm낚싯줄로 도안 1번에서 11번까지 만든후 씨드를 넣어 목걸이의 반을 만든다.
② 40cm의 낚싯줄을 1번의 씨드 하나에 통과 시켜 목걸이의 나머지 반을 만든다.
③ 튜브형 산호 7개를 T핀 작업하여 도안의 위치에 O링으로 연결해준다.

공주로 만들어 주는

왕관 목걸이

묶고 마무리

② 묶고 마무리

③

재료
3mm 주판알 16개
4mm 주판알 21개
씨드비즈
9핀 1개
O링 1개
와이어, 마감장식
3호 낚시줄 50cm
3호 낚시줄 10cm

① 윗쪽은 4mm, 아랫쪽은 3mm 주판알로 6회 만든 후
　 처음으로 이어준 후 뒷쪽 중심 씨드 통과 후 묶어준다.
② 그림과 같이 밑단에 크리스탈 6개를 넣어준다.
③ 목걸이 줄을 완성한다.

장미꽃을 손목에 담고 다녀요

줄장미 시계 팔찌

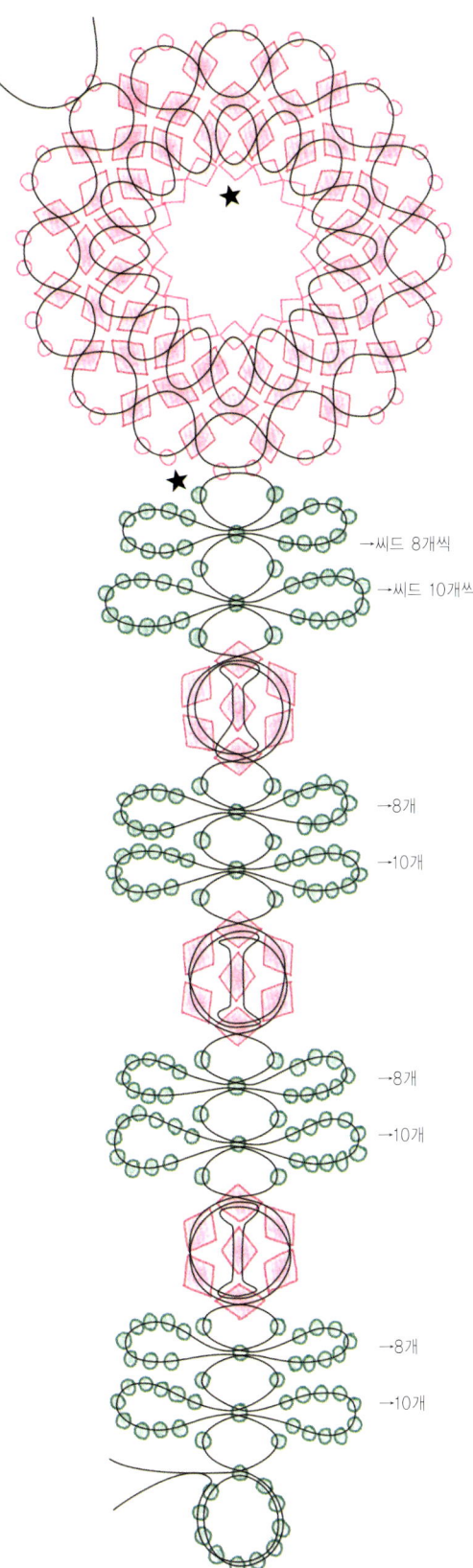

→씨드 8개씩

→씨드 10개씩

→8개

→10개

→8개

→10개

→8개

→10개

1. 시계알 싸기;
32번 후 한쪽 실 씨드비즈만 한바퀴 통과시켜
시계넣고 묶어 마무리한다.

2. 시계줄 만들기;
3호 낚싯줄 90cm로 그림처럼 만든다.

재료
시계알
4mm 주판알 진한색 84개,
　　　　　흐린색 6개
3mm 주판알 흐린색 16개
씨드비즈(분홍, 초록)
마감장식
O링 2개
3호 낚싯줄 90cm 3줄

3. 마감장식을 양쪽 고리에 오링으로 연결한다.

여름을 시원하게 해 줄

백송시계 팔찌와 귀걸이

9핀 작업한 구슬들은 O링으로 연결하나요?

9핀 작업한 구슬들은 그것들끼리 연결하기도 하지만
특이한 모양의 O링으로 연결하면 움직임도 더 부드럽고 시각적으로도
시원함을 느끼게 해 줍니다.

재료

시계, 3mm 백송 48개
3mm 주판알 16개
씨드비즈
8mm 백송 9개
마감장식
O링 11개, 9핀 9개
3호 낚싯줄90cm(시계)
10cm2줄(고리만들기)

귀걸이재료

은낚시 1쌍
12mm 백송 2개
4mm 주판알 4개
캡 4개
T핀 2개
9핀 4개

① 그림처럼 만든후 뒷면의 씨드비즈만 한바퀴 돌려주고 시계를 넣고 마무리한다.
② 1번의 그림 18번과 26번의 씨드 2개에 낚싯줄을 통과시켜 고리를 만든다.
③ 팔찌줄은 8mm백송 9개를 9핀작업하고 O링으로 연결한다.

세련되게 표현한다
리스 Y 목걸이

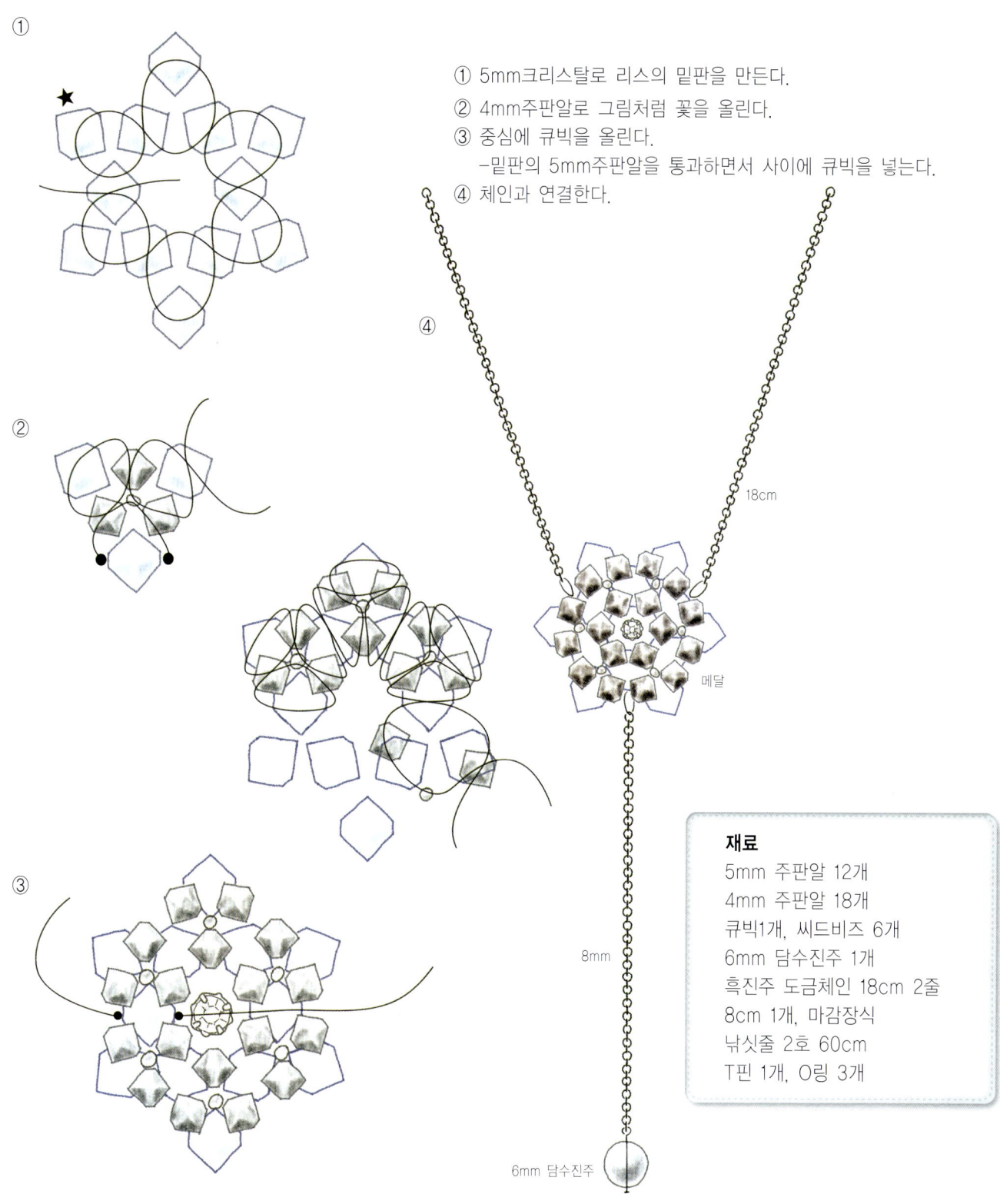

① ⭐

② ⚫ ⚫

③ ⚫ ⚫

④

① 5mm크리스탈로 리스의 밑판을 만든다.

② 4mm주판알로 그림처럼 꽃을 올린다.

③ 중심에 큐빅을 올린다.
 -밑판의 5mm주판알을 통과하면서 사이에 큐빅을 넣는다.

④ 체인과 연결한다.

18cm

메달

8mm

6mm 담수진주

재료
5mm 주판알 12개
4mm 주판알 18개
큐빅1개, 씨드비즈 6개
6mm 담수진주 1개
흑진주 도금체인 18cm 2줄
8cm 1개, 마감장식
낚싯줄 2호 60cm
T핀 1개, O링 3개

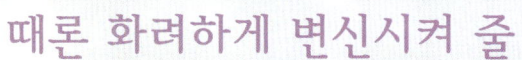

때론 화려하게 변신시켜 줄

볼륨 꽃메달 목걸이

재료
4mm 주판알 133개
씨드비즈 450개
T핀 3개
마감장식
9핀 47개
3호 낚싯줄 80cm 1줄
40cm 6줄, 20cm 17줄
30cm 1줄

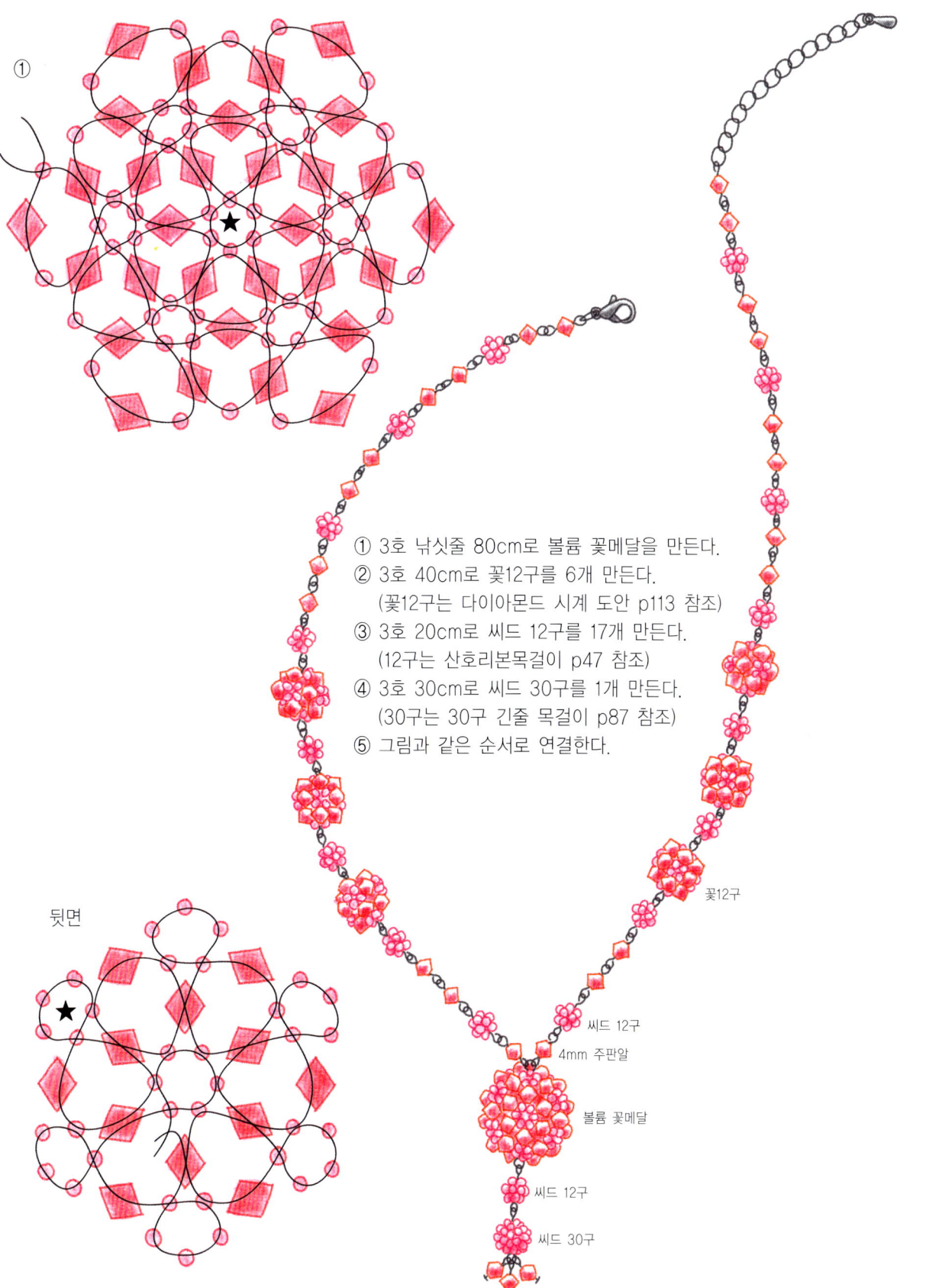

①

뒷면

① 3호 낚싯줄 80cm로 볼륨 꽃메달을 만든다.
② 3호 40cm로 꽃12구를 6개 만든다.
　(꽃12구는 다이아몬드 시계 도안 p113 참조)
③ 3호 20cm로 씨드 12구를 17개 만든다.
　(12구는 산호리본목걸이 p47 참조)
④ 3호 30cm로 씨드 30구를 1개 만든다.
　(30구는 30구 긴줄 목걸이 p87 참조)
⑤ 그림과 같은 순서로 연결한다.

꽃12구

씨드 12구
4mm 주판알

볼륨 꽃메달

씨드 12구

씨드 30구

반짝이는 귀여운 강아지

아가타 목걸이

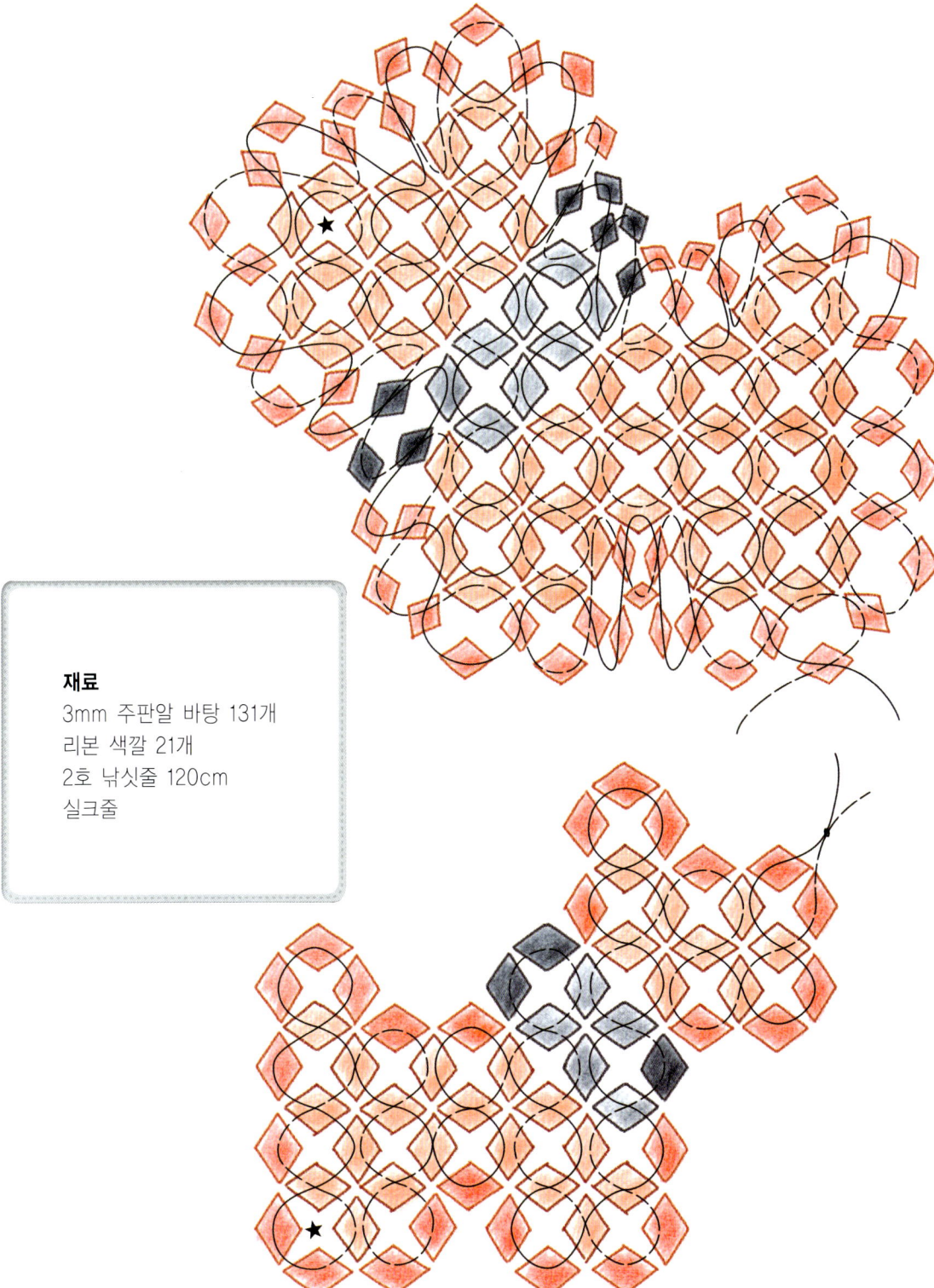

재료
3mm 주판알 바탕 131개
리본 색깔 21개
2호 낚싯줄 120cm
실크줄

① 아가타의 앞면을 만든 후 사각 기둥을 세운다.
② 가장자리 크리스탈(◆)은 통과만 하고 안쪽만 메워준다.
③ 원하는 위치에 고리를 만들고 목걸이 줄이나 핸드폰 줄을 걸어준다.

섬세한 고급스러움을 전하는
팬지 직조 목걸이

Stitch작업을 할때는 어떤실을 사용하나요?

Stitch 작업을 할때는 전용실을 사용하나 원통 페요리 작업을
간단하게 할때는 퀼트실을 사용하면 무난합니다.

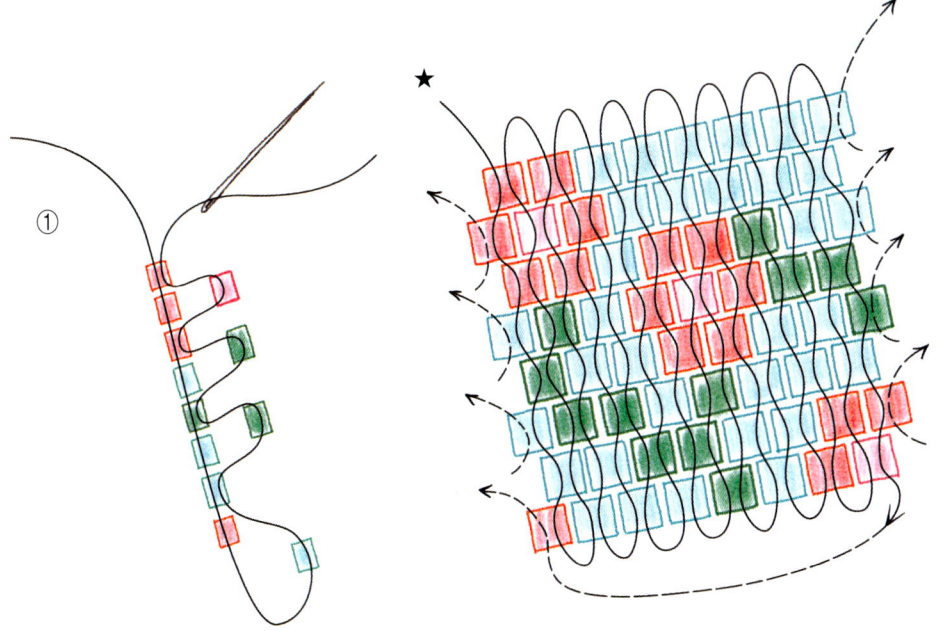

① 40cm의 퀼트실로 원통 9개를 만든다.
　－판을 떠서 둥글게 말아 이어 원기둥을 만든후 두실을 묶어주고
　남은 실은 다른쪽으로 넣어 정리한다.
② 와이어 줄에 그림과 같은 순서로 넣어 목걸이를 완성한다.

재료
직조용 비드 4색
아벤츄린 18개
와이어 40cm
마감장식
일반 씨드비즈 50여개
퀼트실 40cm 9줄

※ 원통을 넣을때는 안쪽에 일반씨드비즈를 5개 정도 넣어야
　예쁜모양을 유지할수 있다.

기분까지 청량해지는
블루 사파이어 반지

재료
3mm 주판알 40개
2mm 막대비드 16개
씨드비즈 16개
3mm 막대비드 37~42개
3호 낚싯줄 120cm

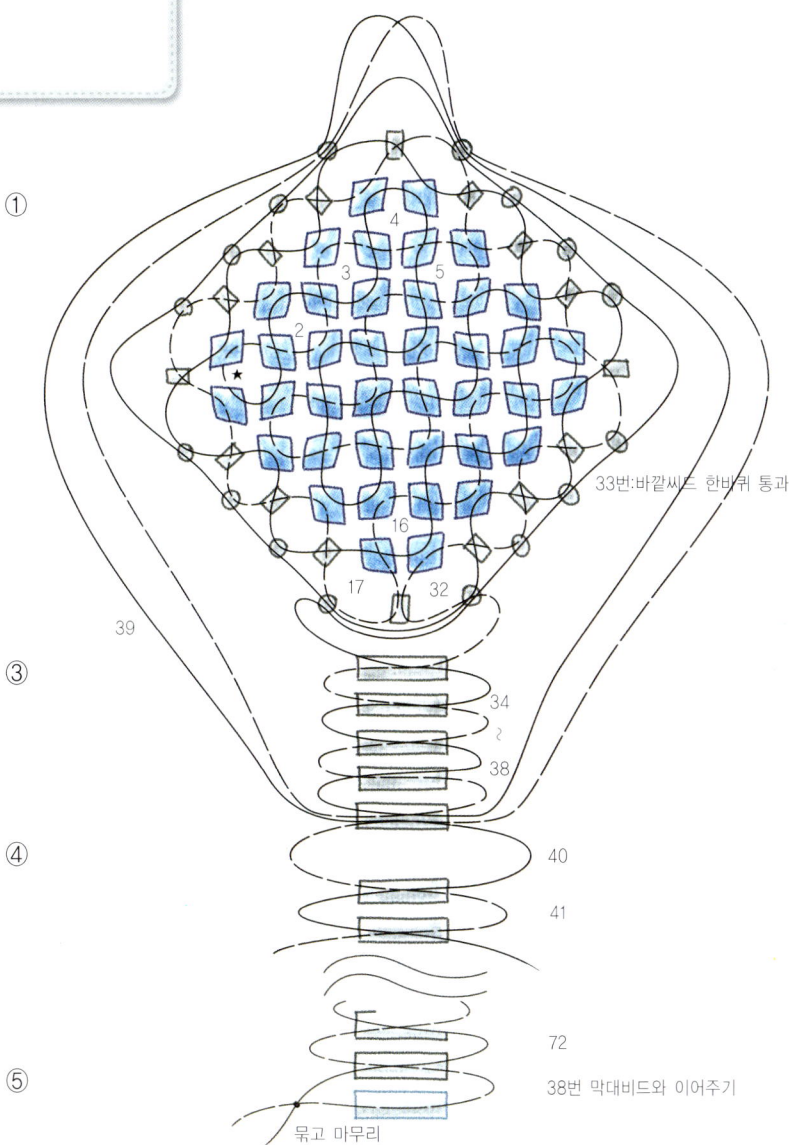

① 그림처럼 사각의 앞면을 만든후 기둥을 막대비드로 세운다.
② 33번은 바깥씨드 한바퀴를 통과한다.
③ 막대비드 5개는 반지 다이아몬드의 안쪽으로 들어가게 된다.(34~38)
④ 반지링이 된다.(40~72번, 32번정도 교차하면 11호 사이즈의 반지링이 된다.
⑤ 38번 막대 비드와 이어준다.

다이아몬드 시계 팔찌

시계줄에도 다이아몬드를 넣어보자

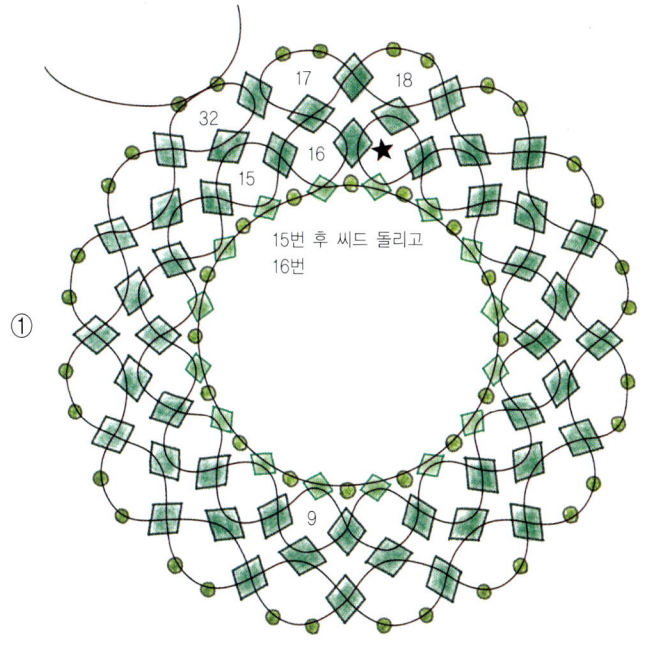

① 15번 후 씨드 돌리고
16번

① 32 17 18 16 15 9

재료
시계
3mm 주판알 16개
4mm 주판알 진한색 138개
연한색 44개
씨드비즈
3호 낚싯줄 90cm 1줄
70cm 2줄, 50cm 2줄

③ 묶고 마무리

① 3호 낚싯줄 90cm로 그림과 같이 만든다.
　15번 후 씨드를 넣어 돌리고 16번을 만든다.
② 32번 후 바깥쪽 씨드만 한바퀴 통과시켜
　시계를 넣고 마무리한다.
③ 3호 낚싯줄 70cm로 시계줄을 만든다.
④ 마무리 장식을 만들어 연결한다.

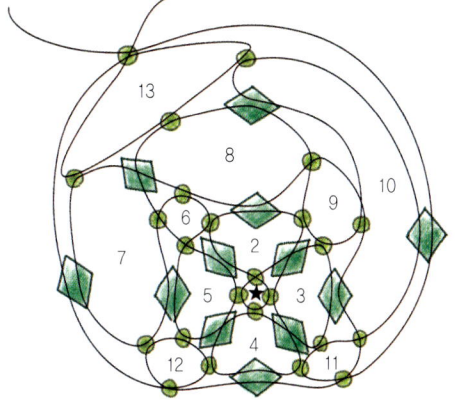

13 8 10 9 6 2 7 5 3 4 12 11

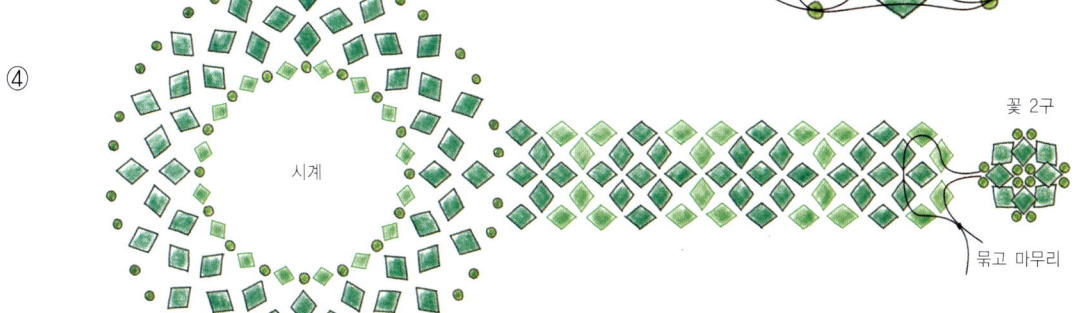

④ 시계

꽃 2구

묶고 마무리

귓볼에서 달랑이는 한송이 꽃

로맨틱 꽃 귀걸이

재료
4mm 주판알 40개
극소 씨드비즈
은낚시 1쌍
T핀 4개
4mm 진주 2개
2호 낚싯줄 80cm 2줄
10cm 2줄

①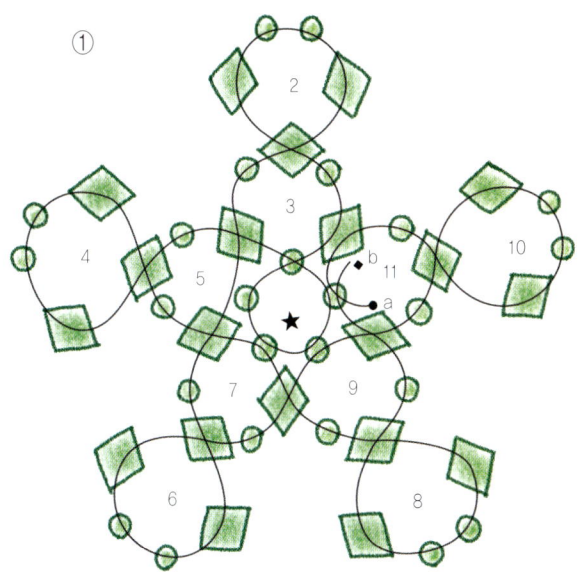

②

① 꽃의 안쪽을 그림과 같이 만든다.
② 12번, 13번과 같은 방법으로 꽃잎을 완성하고 10cm의 낚싯줄에 4mm진주를 넣어 뒤쪽에서 묶고 마무리 한다.
③ 13번과 14번의 크리스탈에 T핀을 걸어주고, 아래쪽은 씨드 15개를 T핀 작업하여 연결한다.

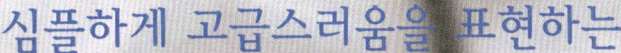

심플하게 고급스러움을 표현하는

라브라도 라이트 목걸이

어떤 경우에 은선을 사용하나요?

은선으로 구슬을 연결할 경우 T핀이나 9핀을 사용할때보다
섬세한 느낌이 나며 사용도중 구슬을 잃어버릴 염려가 없어서
고급스러운 구슬 작품을 만들때 많이 사용합니다.

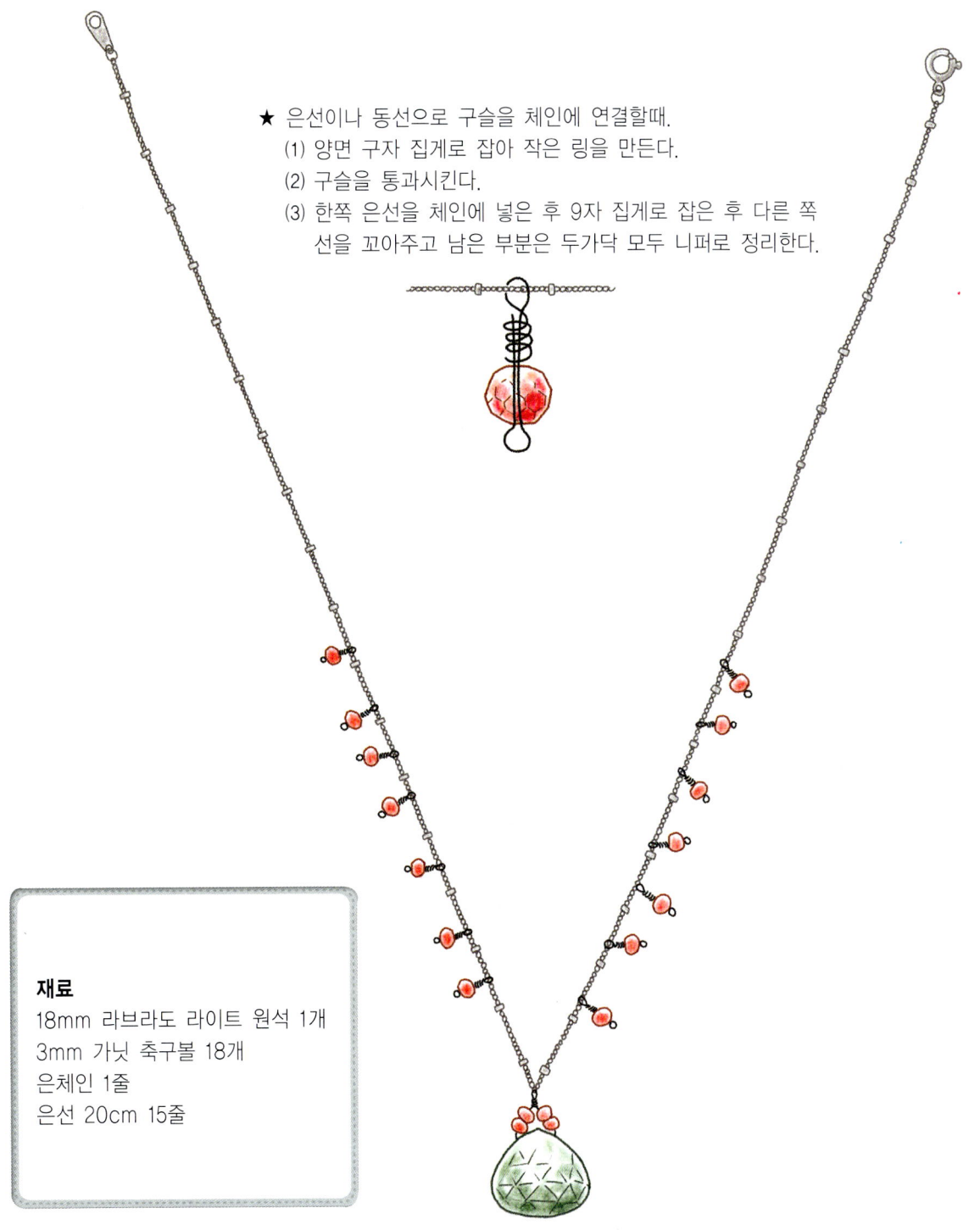

★ 은선이나 동선으로 구슬을 체인에 연결할때.
  (1) 양면 구자 집게로 잡아 작은 링을 만든다.
  (2) 구슬을 통과시킨다.
  (3) 한쪽 은선을 체인에 넣은 후 9자 집게로 잡은 후 다른 쪽
      선을 꼬아주고 남은 부분은 두가닥 모두 니퍼로 정리한다.

재료
18mm 라브라도 라이트 원석 1개
3mm 가닛 축구볼 18개
은체인 1줄
은선 20cm 15줄

① 그림과 같이 은선을 꼬아 체인에 연결한다.

파티웨어에도 청바지에도 어울리는

꽃휘장 팔찌

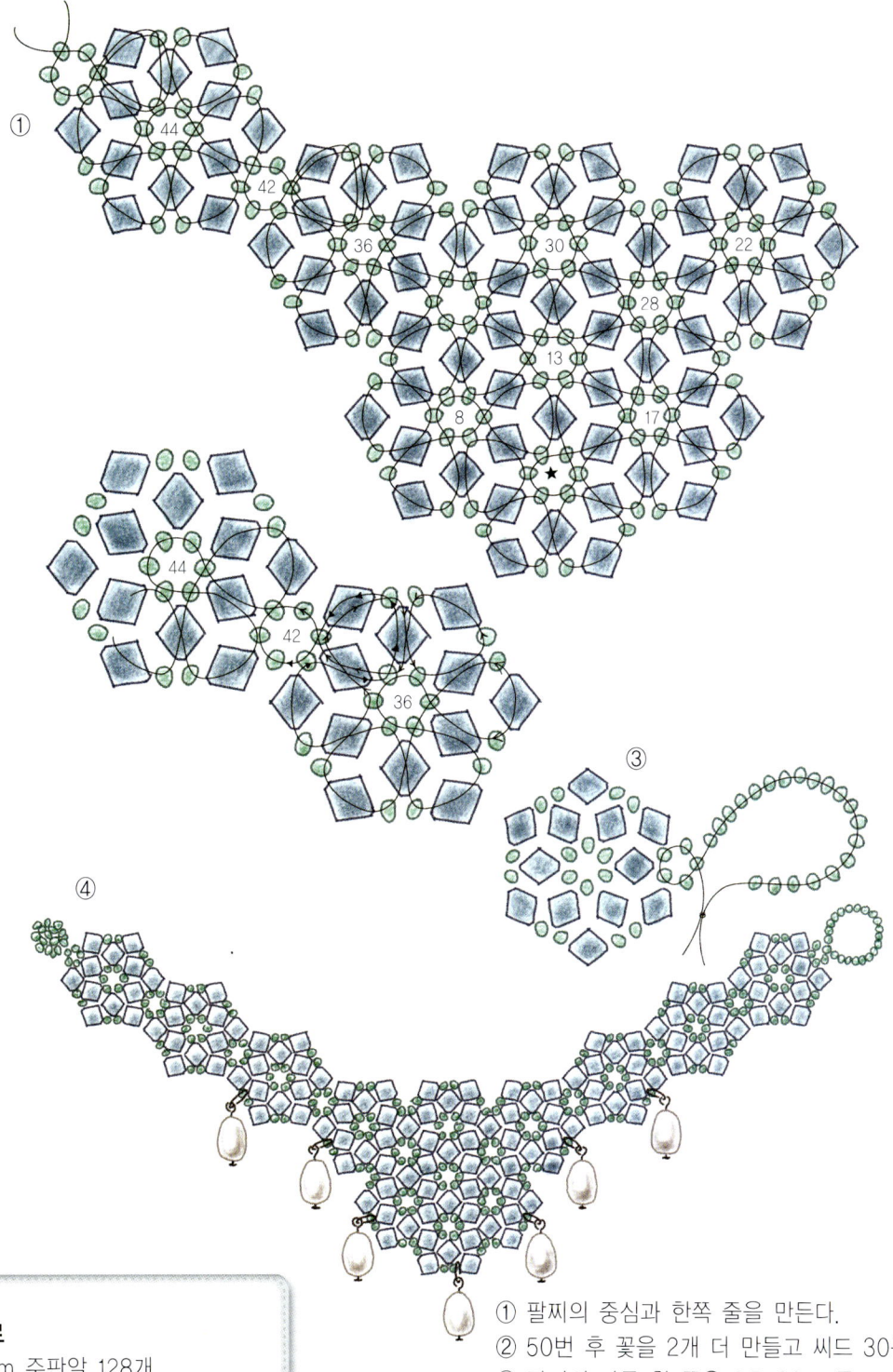

재료
4mm 주판알 128개
씨드비즈
담수진주 7개
T핀 7개
O링 7개
3호 낚싯줄 160cm 1줄
80cm 1줄

① 팔찌의 중심과 한쪽 줄을 만든다.
② 50번 후 꽃을 2개 더 만들고 씨드 30구로 단추를 만든다.
③ 팔찌의 다른 한 쪽은 3호 80cm를 25번과 24번의 씨드에
   걸어 42번을 한것과 같은 방법으로 다른 쪽을 완성하고
   씨드 20개로 고리를 만든다.
④ 47, 39, 10, 4, 18, 23, 47번의 반대쪽 위치까지 7군데
   T핀 작업한 진주를 O링으로 걸어준다.

다채로운 색들의 향연

꽃시계 팔찌

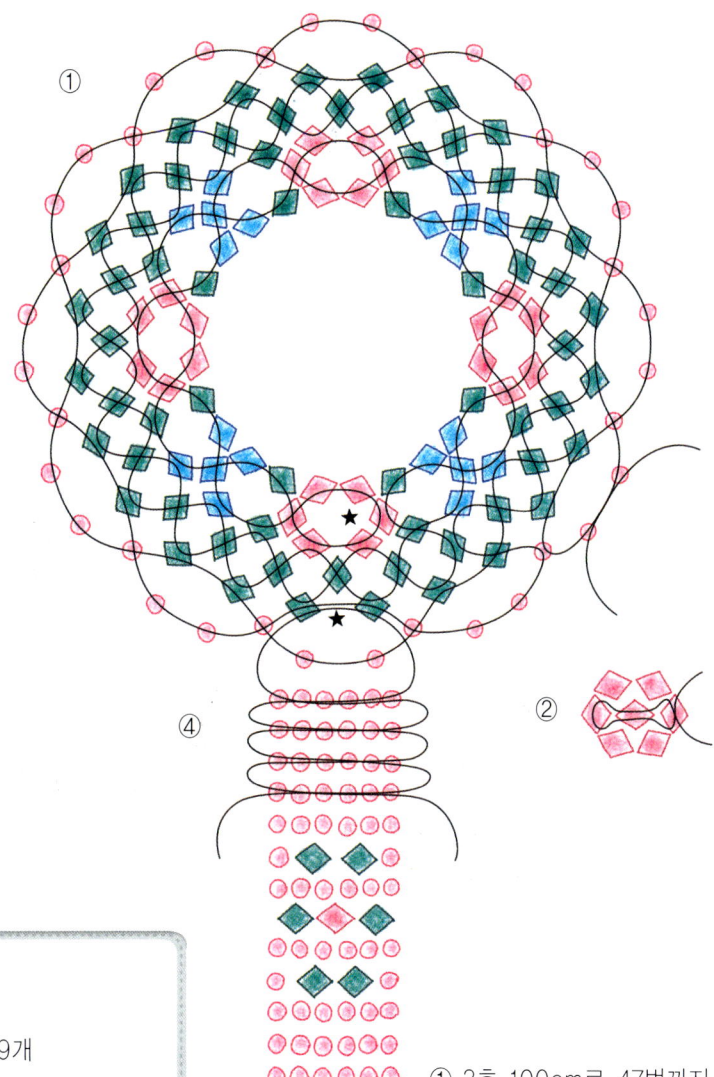

① ② ④

재료
시계알
3mm 주판알 189개
-바탕 134개
-꽃 39개
-잎새 16개
씨드비즈
3호 낚싯줄 100cm, 250cm
2호 낚싯줄 40cm

① 3호 100cm로 47번까지 만든다.
② 47번 후에 2호 낚싯줄로 분홍꽃부분만 올린다.
③ 시계 넣은 후 씨드비즈만 한바퀴 돌려 묶는다.
④ 3호 250cm로 꽃이 11개가 될때까지 반복한다.
⑤ 꽃 11개 만들고 씨드 2단 만든 후
　　반대쪽 크리스탈(26, 27번)을 통과하여
　　묶고 마무리한다.

제비꽃 목걸이

꽃을 연결할 때

꽃을 만들때 3마디씩 자른 체인을 미리 넣어주어야 합니다.
꽃을 완성한 상태에서는 체인을 넣을 수 없고 O링으로 연결해야 합니다.

체인 3마디를 잘라
연결하면서 만든다.

묶고 마무리

가장자리는 통과만 해주고,
안쪽만 구슬을 넣어준다.

체인 12cm

① 미니꽃을 만든다.
　-3개꽃 4개, 4개꽃 2개, 5개꽃 1개
② 아래 그림과 같은 순서로 만들며 연결한다.
　- 꽃과 꽃의 사이마다 체인 3마디가 연결되며
　　그 가운데 O링으로 초록잎 5개씩 T핀으로 걸어준다.

재료
4mm주판알
꽃의 중심색 50개
가장자리 색 50개
잎의진한색 16개
연한색 24개, 체인 12cm 2개
3마디 8개, 마감장식
O링 8개, T핀 40개
3호 낚싯줄 40cm 7줄

내 아이 목걸이로도 너무 예쁜
요정 핸드폰 줄

재료

3mm 주판알 치마색 67개
날개색 45개
팔다리색 36개
10mm 축구볼 1개
O링 1개
핸드폰줄
2호 낚싯줄 40cm 3줄
           50cm 1줄

① 요정의 치마 만들기 : 2호 낚싯줄 40cm 2줄에 크리스탈을 하나 넣어서 시작한다.
② 2호 낚싯줄 50cm로 팔, 다리, 머리 잇기
  (1) 다리에서 시작한다.
  (2) 다리를 만든 후 1번 도안의 *부분으로 빠져 나온 후 팔을 만들고 치마의 중심에서 교차한다.
  (3) 머리를 만든다.
✱ 낚싯줄이 내려갈 때 O링을 걸어주고, 내려가야죠. 다 만든 후에 O링을 걸려면 조금 힘듭니다.
③ 2호 낚싯줄 40cm로 날개를 만들어서 등 뒤에서 묶어준다.
④ O링에 핸드폰줄을 연결한다.

화려함의 극치

나비 목걸이

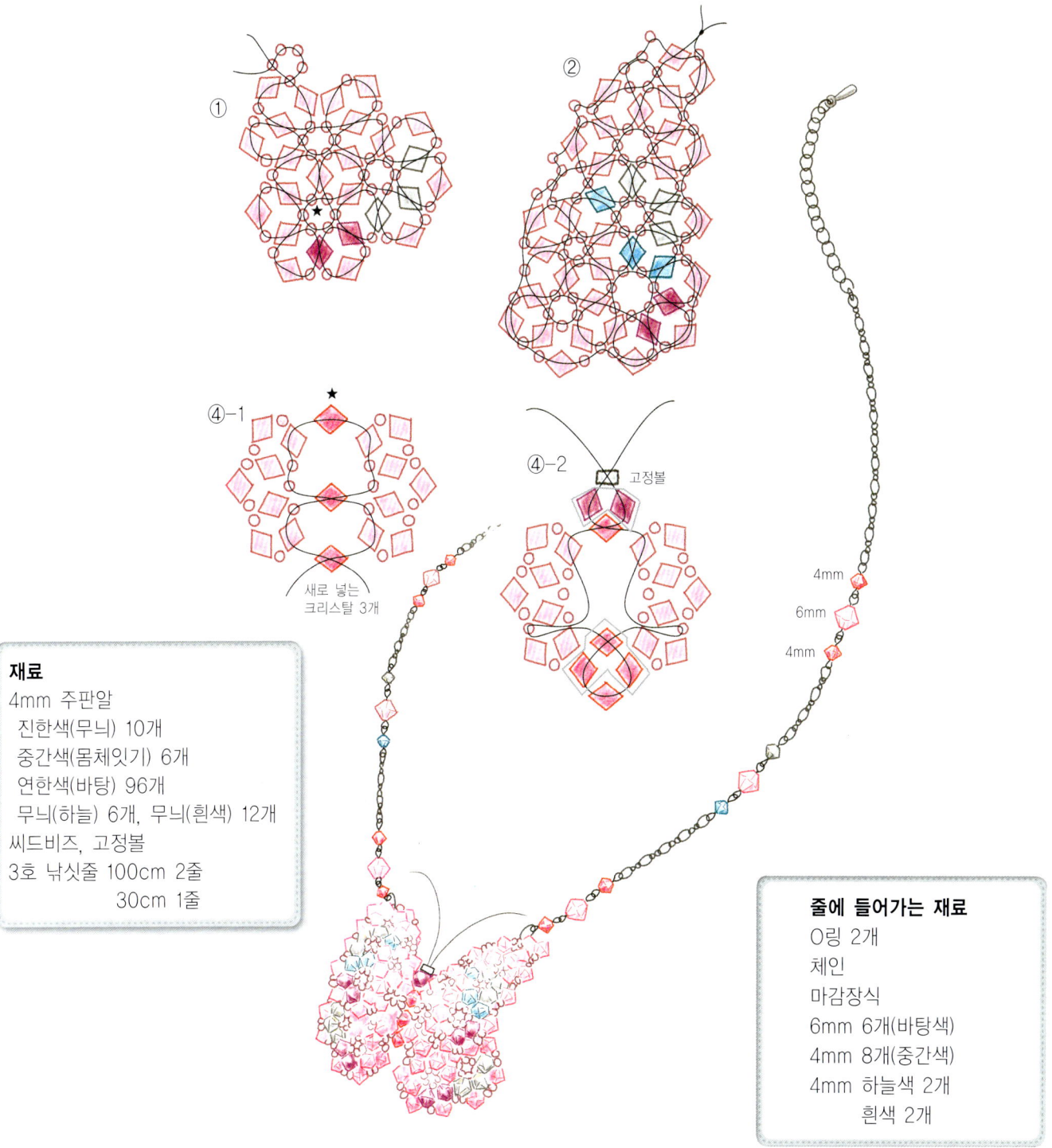

① ②

④-1
★

새로 넣는
크리스탈 3개

④-2
고정볼

4mm
6mm
4mm

재료
4mm 주판알
 진한색(무늬) 10개
 중간색(몸체잇기) 6개
 연한색(바탕) 96개
 무늬(하늘) 6개, 무늬(흰색) 12개
씨드비즈, 고정볼
3호 낚싯줄 100cm 2줄
        30cm 1줄

줄에 들어가는 재료
O링 2개
체인
마감장식
6mm 6개(바탕색)
4mm 8개(중간색)
4mm 하늘색 2개
    흰색 2개

① 나비의 아랫날개를 2개 만들어 준다.

② 아랫날개에 이어 윗날개를 만든다.

③ 42번 후 씨드 4개를 새로 넣으며 윗날개만 한바퀴 돌려서 묶고 마무리한다.

④-1 위와 같이 날개를 이어준다.

④-2 앞면의 아래에서 위로 와서 마무리한다.(회색 실선 부분만 새로 넣는 크리스탈)

저　　　자 이 종 경

일 러 스 트 이 상 일

코 디 네 이 터 이 종 경

기 획 편 집 곰비임비

발 　행 　일 2005. 9. 20

발 　행 　처 비즈맵

　　　　　　문의 : (031)853-1519, 016-864-1519

　　　　　　E-mail:beasmap@beadsmap.com

　　　　　　www.beadsmap.com

정가 : 16,000원

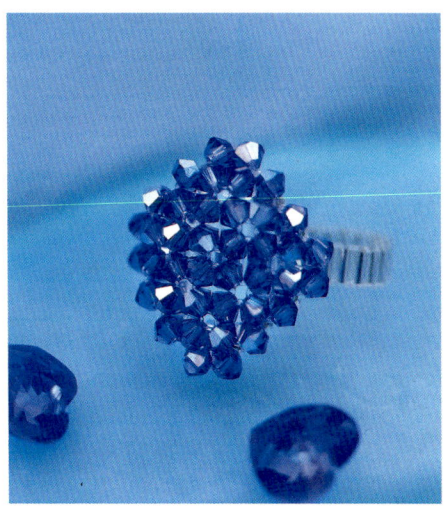